戦略人事のビジョン

制度で縛るな、ストーリーを語れ

八木洋介　金井壽宏

光文社新書

まえがき——金井壽宏

一冊の本が生まれるには、縁起がある。単独の著作でも共著でも、それは変わらない。本書における縁起は、企業の人事部門にもっとよい役割を果たしてほしいという私たちの願いだ。

ヒューレット・パッカード（HP）の創業者の一人、デイブ・パッカードは「わが社に人事部はいらない。人事はすべての人の責任であるべきだ」という名言を残した。ハーバード・ビジネススクールのジョン・コッターの研究によれば、実際、HPでは創業（一九三九年）から約二〇年間、人事部門をつくらず、人材の採用も、社員の配置も、教育も評価も、要するに「人事」と呼ばれる仕事はすべて、経営者やラインマネジャーがやっていたのだという。

ＨＰに人事部門ができたのは、社員数が一〇〇〇人を超えたタイミングだった。そのぐらいの会社規模になってようやく、専門の部署が人事に携わった方がよいという考え方に変わったのだ。

そのとき、もう一人の創業者、ビル・ヒューレットは「人事部門の仕事は経営の質を高めることだ」と注文をつけた。


似たような話は日本にもある。

以前、ノーベル物理学賞受賞者の江崎玲於奈先生にお会いした際、先生が一九五六年に東京通信工業（現在のソニー）に採用されたときの思い出話をうかがった。その面接で、江崎先生の目の前に座ったのは、かの井深大さんと盛田昭夫さんだったという。

これから大航海に乗り出そうとしているベンチャーにとって、採用はきわめて重要度の高い仕事であり、創業者の決定事項と言っていい。だからこそ、井深・盛田の両創業者は二人そろって面接官の役をやっていたのだ。もちろん、ソニーが大企業になるずっと前のことだから、「私がお二人を面接しているという面もありましたが……」と江崎先生は絶妙な言い方をしておられた。

創業して間もない会社に人事はいらない。正確に言えば、人事は大切だが、人事部門はいらない。

人事の仕事が人事部なるものに手渡される前、人事は経営者と、事業責任者たるすべてのラインマネジャーの仕事だった。

そうした人事が戦略性を帯びないわけがない。草創期の企業には、伝統も過去の遺産もないのだから、その人事施策には「今までずっとこうだったのだから、わが社ではこうするものなのだ」という決まり文句もない。元始、人事は組織に勢いを与える「太陽」であったのだ。


本書の語り部、八木洋介さんは、伝統的な企業の人事が陥りがちな「継続性のマネジメント」に批判を加え、人事は「戦略性のマネジメント」を担う存在であるべきだと主張する。八木さんは、GEというきわめて戦略性の高いグローバル企業での経験を通じて、そのような考えを確立するに至った。そして、人事は経営そのものであると熱く説く。その語りは機知に満ちており、多くの読者にとってリソースフルなものだ。

また、八木さんは、日本企業は伝統的に「徳」による経営を標榜する一方で、必ずしも「強さ」を獲得してこなかったと指摘する。「よい会社」も、負けてはどうにもならない。「強くて、よい会社」を目指すべきだと言う。ならば、日本の会社が、いま、「勝つ」ための戦略はどうあるべきか。「勝ち」を実現する人事の役割とは何か。そのことを知るための手がかりが、これから明らかにされる。

私は長年、「組織の中の人間行動」の研究を続けてきたが、企業に就職してフルタイムで働いたことはない。そのため、ビジネスの世界で活躍されている人の話はいつも謙虚に聞かせていただくことにしている。

本書での私の役割は、八木さんの話を組織行動論の中に位置づけることである。なぜなら、この領域で扱う学問的トピックスが応用できる、いちばん重要な職能分野は人事部門だからだ(もちろん、ラインマネジャーの人たちにも組織行動論をぜひ学んでほしいが)。「人事のプロ」として活躍する八木さんの躍動感あふれる語りとともに、各章の終わりに私が付した解説を読み進めていただければ幸いである。

本書は特に、次のような人に読んでいただきたい。

まず、人事の役割がこのままでいいとは思っていない人事部門の人たち、人事の仕事を通じて日本を元気にしたいと本気で願っている人たち、とりわけキャリアの若い時期に人事部門に配属された人たち。そういった人たちに本書を通じて、希望に満ちた人事の考え方にふれていただきたい。

それから「人事部はろくなことをしない」と怒っている諸兄《しょけい》諸姉《しょし》にも読んでいただき、「こんなに戦略性に富んでいて、周りの人たちを元気づけられる人事責任者もいるのだ」というメッセージを受け取ってほしい。人事部門は本来、ラインマネジャーと働く人たちにとっての、よい意味でのサーバント（奉仕する人）なのだ。ラインの立場から、より戦略性の高い人事のあり方を構想し、それを人事部門にぶつけるために本書を活用してみてもいいかもしれない。

リーダーシップに関心のある人にとっても、八木さんの「経験の語り」は役立つことだろう。八木さんは、人事のあり方を探求する旅を通じてリーダーになった。日本GE発のリーダーシッププログラムを生み出し、世界中のGEに波及させた人でもある。

その意味では、本書は、野田智義さんとの共著『リーダーシップの旅』や、増田弥生さんとの共著『リーダーは自然体』（ともに光文社新書）に続く一冊と位置づけることもできる。

戦略人事の担い手はリーダーシップを発揮できなければならず、リーダーを育成する人事部の長はリーダーでなければ話にならない、というのが八木さんの考えだ。その語りから、八木さんのリーダーシップ・スタイルを読み解いていただきたい。

よいキャリアを歩んできた人が語る「一皮むける経験」に興味のある読者にもお勧めしたい。本書では、八木さんが積んできた経験のストーリーと、経験からの教訓が言語化されている。よい働き方を希求する若手、これからビジネスの世界に入っていく学生など、若い読者の期待にも応えられる内容になっている。


八木さんとの出会いは、十数年前に行った雑誌の鼎談《ていだん》がきっかけだった。そのもっと前、おそらく二〇年ぐらい前にも、ある経済団体の冊子で対談させてもらったことをおぼえている。

当時、八木さんはGE横河メディカルシステムにおられ、私は助教授だったと思う。日本に進出している外資系企業に、かくもはつらつとした人事のプロがおられることに私は驚き、その飾らない語り口にも感銘を受けた。

八木さんと私は、年齢も一つしか違わず、学部は違っても出身大学が同じ、また留学先も同じという共通点がある。そのことがうれしく、いつか、何かを一緒に書けたらという希望をずっともち続けてきた。

今回、光文社取締役の古谷俊勝さんがこの組み合わせに興味をもってくださり、新書編集部の小松現さんから編集面でのサポートをいただき、さらに私たちのチームが最も信頼をおく秋山基さんが文章を構成してくれたおかげで、本書ができ上がった。

＊　＊　＊

この春、八木さんは、御縁があり、また御自身の大きな決断もあって、住生活（ＬＩＸＩＬ）グループで執行役副社長になられた。ＧＥの前身が、ガス灯を電灯に替えるというエジソンの夢をかなえるために、いくつかの事業をひとまとめにしてつくられた会社だとすれば、ＬＩＸＩＬは、「暮らしの嬉しさ」を住宅から生み出すために、いくつかの企業が集まって生まれた会社である。八木さんはそこで、濃厚に戦略性を帯びた組織をつくり、人事を整備していかれることと思う。

本書が、その節目にふさわしい一冊になったことを心から喜びたい。

二〇一二年四月

戦略人事のビジョン

目次

まえがき――金井壽宏　3

第一章　人事は何のためにあるのか……19

「人事マフィア神話」が生まれる理由　20
人事部は官僚化する　23
戦略人事とは何か　24
職能資格制度は人事の欺瞞　28
年功序列は三カ月でなくせる　30
通勤手当は遠距離通勤のインセンティブか　33

社員のやる気を最大化し、生産性を上げる　36
〝奥の院〟に鎮座しない　41
正しいと思うことを正しく　44
人事の核心を突く――金井　49

第二章　組織の力を最大限に高める……57

「勝ちの定義」が明確な会社　58
戦略はシンプルに　61
本音を封印し、建前で働く　63
「できませんでした」は通らない　65

ものが売れないのは人事の責任　67
グロースバリュー　69
ナインブロック　72
評価は貢献度を主観で見る　76
「通訳」の役目を　79
最後は雇用に手をつける　81
人間は動物だ　84
グローバル人材はどうして育つか　86
組織開発ができなければ人事ではない　89
組織に介入して活性度を上げる　92
GEの「大人の美学」――金井　97

第三章　改革の旗を振る……105

「いい子ちゃん人事」　106
部長みたいになりたくありません　108
転職三五歳限界説の根拠　111
賛成する人を増やすより、反対する人を減らせ　115
リストラ担当で見た「人材育成の失敗」　116
年功序列反対の声を上げる　119
自分の弱さを知った旅　121
社長批判、そして　126
昇給を止める　132
相撲ではなく、サッカーを　135

改革は朝の挨拶から　138
やる気のない社員に居場所はない　140
「きれいごと」で組合と合意　143
エアコンがダメなら扇風機一〇〇台　144
とっておきの物語——金井　149

第四章　リーダーを育てる……159
なぜリーダーを育てるのか　160
なぜＣＥＯは四五歳なのか　162
日本人に欠けているエンジン　165

日本発「軸づくり」のプログラム　169
刺激を与え、持続させる　175
心に刺さる言葉で　177
「思う」「うなずき」の封印　180
旅を続けるために　185
ノートを旅の伴走者に　188
知るとは、実行をともなうこと――金井　193

第五章　「強くて、よい会社」を人事がつくる……203
二一世紀の企業像　204

人事プロフェッショナルの役割と資質　208
HRアカデミー　211
社外の人事担当者たちと　215
人事が変われば、会社を変えられる——金井　219
あとがき——八木洋介　225

第一章

人事は何のためにあるのか

「人事マフィア神話」が生まれる理由

「人事」という言葉から何を想像するでしょうか。

以前、私が勤めていた会社には、「人事マフィア」という言葉がありました。マフィアという言葉には、「得体の知れない力をもっている人たち」「不思議なパワーを有している権力集団」といったニュアンスが込められています。事実がどうかは別にしても、そういう目で人事の人たちを見ていた社員は少なからずいました。

社内には、「泣く子と人事には逆らうな」と眉をひそめて言う人たちもいました。「人事に目をつけられたら出世できない」とか、「一度にらまれたら何をされるかわからない」といったまことしやかなうわさもささやかれていました。

では、なぜ人事はマフィア扱いされたり、あるいはマイナスのイメージで語られることが多かったのでしょうか。その理由がだんだんわかってきたのは、私が人事の仕事を始めて数年たってからでした。

一般的に言って、企業の人事部門はオープンではありません。社員の情報が集約されている組織なので、それは仕方がないことでもあるのですが、過度に閉じた組織は、何かおかしなことをやっているのではないかという疑いを外部からもたれます。そのうえ、相当な力をもっているらしいといった風説が立つと、なんだか本当に恐ろしい集団のように見えてきます。「人事マフィア神話」はこうしてひとり歩きし始めます。

しかし、結論を先に言ってしまえば、人事部門がオープンでないのは、社員情報をたくさん握っているからでも、何かをたくらんでいるからでもありません。一言で言えば、人事施策に戦略性が欠けているからなのです。

多くの企業には定期異動があり、毎年決まった月に社員を動かしています。そうした異動や昇進が戦略に基づいたものならば、人事部門はそれについて詳細に説明し、社員の納得を得ればいいだけの話です。

でも、異動や昇進に戦略性が欠けている場合、つまり単に社員を物のように右から左へと動かしているだけの場合はそうはいきません。人事部門として、「私たちは社員を物のように扱っています」と正面切って言うわけにはいきませんので、定期異動の内実は隠すしかなくなります。

戦略性に欠けるがゆえに内実をオープンにできないものといえば、人事考課もその一つです。年功序列のしきたりが残っている企業では、社員の考課が勤続年数に応じて少しずつ上がっていくという奇妙なことが起きます。下の年次の人がいくら頑張って業績を上げても、上の年次の人の考課を上回ることはなく、あくまでも同期の中で一番高い考課がつくだけです。

私が前に勤めていた会社もそうで、人事部門の中では「考課の歩み」という用語が平然と使われていました。社員の考課は、人事が決めた年次ごとの「歩み」にそって上がっていく、つまり社員は人事が決めた通りに成長していく、そういう摩訶不思議な発想にのっとった人事考課がまかり通っていました。

そのような人事考課にも戦略性はまったくなく、もはや考課としての意味を失っていると言ってもいいぐらいですが、だからこそ、人事部門は人事考課の内実をけっして表には出しません。オープンにしたら、制度が立ち行かなくなることは目に見えているからです。

戦略性に欠けた人事部門は、自分たちの仕事をひた隠しにし、ブラックボックスの中にしまい込みます。その結果、ますます自らは神秘性をまとうことになります。人事が、知らず知らずのうちにマフィア視されていくのはそのためです。

そして、もっと恐ろしいのは、多くの人事担当者がそのことをおかしいとは感じなくなることです。

人事部は官僚化する

これも一般論ですが、人事部門には、評価の高い社員が集まってきます。「考課の歩み」の中で各年次の先頭グループを走っているような社員を人事に集める傾向があります。けれどもそれは、人事担当者は一般の社員を評価する立場なのだから、成績優秀なメンバーがそろっていなければならない、という人事の側の都合によるものです。しかも、自分は優秀だと思い込んだ若い人事担当者は傲慢になる傾向があります。傲慢さゆえに、自分たちの仕事の内容に疑問を感じなくなり、自分たちは間違っていないという無謬《むびゅうせい》性に陥って官僚化し、やがては社員たちから陰で「人事マフィア」と呼ばれるような存在になっていきかねません。

今から二十数年前、私が初めて人事の仕事をするようになったとき、上司から一万人分ぐらいのカードを渡されました。カードには一枚ずつ、社員の氏名、年次、出身大学などが書かれており、顔写真が貼ってありました。「おぼえるように」と上司は私に告げ、「できれば一人ひとりの家族構成も」とつけ加えました。

私はそんなことはとても無理だと思い、一〇人分くらいをおぼえたところでやめましたが、どうやら人事担当者にとって社員情報の丸暗記は必須のようでした。そうした情報をもとに、人事部門では定期異動の度に社員をグルグル動かし、人事考課を「歩み」にそってひそやかに行っていたのです。そういった営みは、まさに「人事マフィア」の名にふさわしいものでした。

また、人事部門で最初に私は社員教育を担当しましたが、これもおざなりと言えばおざなりな仕事でした。だいたい入社何年目かの若輩者が教育をするわけですから、内容といってもたかが知れています。毎年やっているプログラムを型通りに繰り返すことぐらいしかできず、やっている私にも、社員が伸びているという実感はありませんでした。一体、この組織は何をやっているのだろう。そんな違和感を抱いたものです。

戦略人事とは何か

ここで少し、私自身のことにふれておきましょう。

私は大学を出てから日本鋼管（NKK、現在はJFEグループ）に就職し、一九年間勤めた後、GE（ゼネラル・エレクトリック）に移りました。その間の大半を人事畑で過ごし、日本GEの本社機能であるGEコーポレートでは、シニアHRマネージャーという人事部門の長を務めてきました。

ＮＫＫに入社してから三年半、私は原価管理の仕事を担当しました。当時、鉄鋼業界は第二次オイルショックに見舞われており、コスト削減は急務でした。私たちは技術者たちと一緒に、製銑過程の脱オイル化という取り組みを進めていました。その仕事に私はやりがいと誇りを感じていました。

私が鉄鋼会社を就職先に選んだのは、「真っ赤な鉄」に「男のロマン」を感じたからです。入社したときから、できるだけ経営に貢献したいと張り切っており、将来は会社の中枢に上り詰めて経営にタッチしたいと、かなり浮ついたことも考えていました。

ところが三年半がたって、仕事に慣れてきた頃、私はいきなり人事への異動を命じられました。大いに戸惑った私は、一度ははっきり「いやです」と断ったのですが、上司に「いやとは言えないんだよ」と説得され、やむなく異動を受け入れました。

その頃の私は、人事の仕事についてほとんど何も知りませんでした。興味がなかったと言う方が正確かもしれません。

それまで私が接したことのある人事担当者といえば、就職活動中に面接してくれた採用担当の人たちぐらいでした。みなさん、人間味のある、包容力にあふれた方々ばかりでした。その人たちを見て、私はＮＫＫという会社を好きになったのですが、一方では、「なんだか学校の先生みたいな人たち」という印象を私は抱いていました。

人事という部門そのものに対しては、ビジネスとの関係が薄いバックオフィス、主体性やダイナミックな動きに欠ける部署といった漠然としたイメージしかなく、「人事の人たちは、自分が経営の第一線に立って仕事をしたいとは思わないのだろうか」と少し疑問も感じていました。

ですから、人事に行けといきなり言われても、正直なところ、あまりわくわくしませんでした。

NKKの人事部門で、私は、教育、給与、異動・昇格、それから製鉄所内の人事担当、組織改編など、さまざまな仕事を担当しました。わがままを言って米国への留学もさせてもらいましたし、海外勤務も経験させてもらいました。

人事のあり方について、突っ込んだ意見を社内で口にするようになったのは、留学をへてからでした。それが高じて公然と社長批判をしてしまい、手痛い失敗をしでかしたこともあります。

一九九九年にGEに移ったのは、もっと戦略的な人事を追求してみたいと思ったからです。といっても、私はGEという会社についてはジャック・ウェルチの本を研究して知っていただけで、ＧＥを知り抜いて転職を決めたわけではありません。たまたま将来について考えていたとき、一回だけ会ったことのあるヘッドハンターに連絡したところ、ＧＥを紹介され、とんとん拍子に話が進んだのです。

幸いにしてＧＥでは、自分が理想とする戦略人事を実践してきました。ただし、それは「ＧＥ流」ではなく、私なりの「八木流」です。私が本書でこれからお話しする内容も、すべて「八木流の人事感（あえて「観」ではなく「感」の字を使います）」だと考えてください。

また、私が提唱する戦略人事をそう難しくとらえていただく必要もありません。

私は、マネジメントには「戦略性のマネジメント」と「継続性のマネジメント」があると考えています。

「戦略性のマネジメント」は、「現在」を見て、勝つための戦略を立て、それを企業内の各機能に一貫性をもって反映させるマネジメントです。戦略は外部環境の変化によってしばしば変わりますから、その都度、各部門は変化に対応し、臨機応変に仕掛けを打ち出して、ダイナミックに動きます。そのような企業では、人事部門は、前例や制度やマニュアルに固執することなく、見識をもって変革をリードする役割を果たします。

他方、「継続性のマネジメント」とは、「過去」を見て、企業における歴史的連続性を重視するマネジメントです。こうしたマネジメントが行われている企業は、世の中の変化に対して鈍感になりやすく、臨機応変の仕掛けより、以前につくった仕組みの温存にこだわる傾向が強くなります。そして、そのような企業では、人事部門は、前例踏襲を優先し、権限をたてに制度やマニュアルを固守するといった姿勢をとりがちです。

職能資格制度は人事の欺瞞

私が見るに、多くの日本企業の人事部門は「継続性のマネジメント」に縛られています。たとえば、多くの日本企業ではいまだに職能資格制度を続けています。私はこの制度の導入は「人事の怠慢」だったと見ています。

職能資格制度は、第一次オイルショックにともない、一九七〇年代前半に各企業で採用され始めました。不況によって成長が見込めなくなった企業では、人員の数に見合った管理職ポストを用意できなくなり、やむをえず、管理職ポストに就けなかった人に資格を与えて、給与を管理職並みにするという制度をつくり、導入したのです。

ということは、この時期すでに日本企業では、入社十数年目に達した社員の中から何割かを管理職にするといった従来の管理職選抜システムが機能しなくなったとも言えます。なぜなら、もともと管理職ポストの数というものは、ビジネスの現実が決めるものであり、早い話、顧客が決めるものだからです。

いずれにせよ、職能資格制度は一時しのぎの制度でした。にもかかわらず、多くの企業ではこの制度を継続させました。この制度を長く続けることで、収益と人事のバランスをとるという決断から逃げただけでなく、収益と人事のアンバランス状態をずるずると四〇年間も放置し続けてきたのです。

こうなると、もはや怠慢を通りこして欺瞞《ぎまん》ですけれども、不思議なもので、人事部門の中でも職能資格制度に異を唱える人は多くはいません。一つの制度が四〇年も継続すると、「そういうものだ」という意識が人々の心の中にしみ込んでしまうのです。

私にとって何より疑問なのは、職能資格制度のもとでは、ポストを与えられずに資格だけを与えられた人たちの働く意欲の問題がまったく無視されていることです。そういう人たちにも管理職並みの給与が支払われている以上、人件費は確実にかさみますが、果たしてその人たちのやる気は管理職並みだと言えるのでしょうか。

年功序列は三カ月でなくせる

言うまでもなく、この職能資格制度の根っこにあるのは年功序列の考え方です。

かつて、日本的経営がもてはやされた時代がありました。その時代に、米国の経営学者ジェームズ・アベグレンらが日本企業の強みとして見出《みいだ》したのが、年功序列、終身雇用、企業内組合という三つの制度でした。これらは日本的経営を支える「三種の神器」と称賛されてきました。

しかし、この「三種の神器」という考え方は〝罪〟でした。アベグレンの罪ではなく、人事制度を「神器」にし、奉《たてまつ》ってしまった私たち〝日本人の罪〟です。

年功序列、終身雇用、企業内組合は、戦後の日本企業が、熟練労働者を社内に確保するために編み出した巧妙な戦略でした。とりわけ昭和三〇〜四〇年代の高度経済成長期、欧米先進国に追いつけ追い越せという時代に、これらの制度はきわめて戦略的に機能したのです。そのことをわかりやすく解説してくれたのが、アベグレンやイギリスの社会学者ロナルド・ドーアといった外国人研究者でした。

ところが、その後、この三つの制度は日本人によって「神器」に祀り上げられ、その結果、戦略性を失って、やめられない制度、変えられない制度になっていきました。中には、これらの制度を日本企業に深く根づいた文化だと主張する人もいます。これも大きな勘違いです。企業文化は変えにくいものではありますが、あくまでも戦略の一部であり、勝つために変えなくてはならないものです。

ＮＫＫにいた頃のある時期から、私はことあるごとに年功序列の廃止を訴え続けました。もし企業が勝ちを目指すのであれば、実力のある人をより高いポストに就け、より大きな仕事をしてもらうのは当然ではないかと考えたからです。

しかし、私の主張は社内では受け入れられませんでした。そして、ＮＫＫに限らず、ほかの日本企業においても、年功序列は今もなお続いています。近年では、成果主義の導入などによって年功序列は崩れ始めたと言われたりもしますが、完全に年功序列を廃止した日本企業はまだまだ少ないはずです。

私が年功序列はやめるべきだと言うと、おそらく、「それでは公平性に欠ける」と反論する人がいると思います。しかし人間は、「ちょっとだけ不公平」な環境に身を置いた方がやる気が出るものです。「ちょっとだけ不公平」を社内にいかにうまくつくり出していくかが、人事の腕の見せ所だと言ってもいいぐらいです。

「完全実力主義は社員に厳しいのではないか」という意見もあるでしょう。それも当たっています。しかし、それならば、厳しい会社は「よくない会社」なのでしょうか。努力して成果を出している社員と、あまり努力をせず成果も出していない社員を同列に扱う会社が、果たして「よい会社」なのでしょうか。

ＧＥの人事施策に、年功序列的な発想は一切ありません。ＧＥでは、評価によって、それまで上にいた人と下にいた人が入れ替わることも珍しくなく、それで何ら支障はありません。なぜなら、ＧＥはそういう会社だということを社員たちは知っており、人事部門ではそういう説明を社員たちに対してきちんとしてきているからです。

これはＧＥだから、あるいは外資系企業だからできることではありません。同じことはどこの会社でもできるはずです。

仮にどこかの日本企業で、年功序列廃止の取り組みを実行するとしましょう。私ならまず、各部門にオールド、ミドル、ヤングの三つのジェネレーションを設定し、それぞれのジェネレーションの中で一番仕事のできる人を選びます。それから、その三人を私が面接し、そのうち一番仕事ができると思われる人に各部門のトップについてもらいます。

これだけで、その企業では年功序列の壁は突破できます。もちろん、ミドルかヤングの中から部門トップが出てきた場合、しばらくは組織内がぎくしゃくするでしょうが、三カ月もたてばおさまります。もとより組織というものは、本当に実力のある人を上につければ、自ずとおさまるものです。年齢は関係ないのです。

通勤手当は遠距離通勤のインセンティブか

話を元に戻しましょう。戦略性ではなく継続性を重んじる人事部門は、やたらと制度をつくりたがります。その結果、狙いのはっきりしない制度がいつまでも残り、その状況がほったらかしにされます。

福利厚生制度を例にとって考えてみましょう。私が常々、疑問視しているのは通勤手当です。

通勤手当は、現在では法的な非課税措置が講じられていることもあって、どの企業でも当たり前のような制度になっています。しかし、企業として、社員の通勤にかかるお金を支払い続けているのは一体何のためなのか、という疑問を私はぬぐうことができません。

おそらく、この手当ができたときは、大都市圏の住宅事情が悪い中、郊外に家を構えた社員は長時間の遠距離通勤を強《し》いられており、企業としては社員の暮らしを支援する必要があると考えられていたのでしょう。他社が通勤手当を払っているなら、わが社も払わなくてはならないといった横並び意識も働いたと想像されます。

けれども、その考え方は今も妥当でしょうか。私には、通勤手当は社員が会社から遠く離れた場所に住むことへのインセンティブになっているように感じられます。会社が社員の遠距離通勤を奨励しているとしか思えないのです。

仮に東京の会社で、パフォーマンスの低い社員が群馬県辺りに家をもち、高額な手当をもらって新幹線通勤をしているとします。一方、同じ会社に勤めているパフォーマンスの高い社員が都心に家を買い、少額の手当てしかもらえないまま、夜遅くまで働いているとしましょう。

その会社はどっちの社員を大切に扱っていることになるのでしょうか。パフォーマンスが低くて遠距離通勤の社員でしょうか、パフォーマンスが高くて都心在住の社員でしょうか。通勤手当という制度は、このあたりの問題を非常に曖昧にしています。

それから、家族手当も狙いのはっきりしない制度です。子ども一人当たり一カ月一万円といった形で支給されているケースが多いと思いますが、企業が社員の子育てにお金を出すのは、本当に適切なことなのでしょうか。

子育てにお金がかかることは言うまでもありません。企業として社員の家族を支援しようという配慮も理解できます。とはいっても、社員が自分で業績を伸ばして手取りを一万円増やすためには、それなりの努力を要します。一方で、子どもが生まれたという理由で、以前よりも収入がポンと一万円増える社員がいるわけです。これは正しい制度と言えるのでしょうか。

いや、少子化に歯止めをかけるために、企業は家族手当を払うべきだ、という考え方ももちろんあるでしょう。しかしそれならば、「わが社は少子化対策として家族手当を払うべきかどうか」といった議論が社内で十分に尽くされていなくてはなりません。会社とは本来そういうものであるはずです。

通勤手当や家族手当などの福利厚生制度に関しては、近年、カフェテリア方式を採り入れ、社員が自分のニーズに合わせてメニューからサービスを選べるようにした企業も出てきています。これはこれで時代に合った制度なのかもしれません。

しかし、それだったら、べつに福利厚生制度の形をとらなくても、社員にベースの給与をたくさん払っておいて、自分の生活に合わせて使ってもらうという考え方もあっていいはずです。

人事制度をつくる以上、「何のため」という目的があってしかるべきです。社員はどういう働き方を望んでいるのか。人事部門はその制度をつくることで、社員にどんな働き方をしてもらい、会社をどうしようとしているのか。そういうことがちゃんと考えられていれば、意味を失った制度は変えるとか、思い切って廃止するといった措置もとれます。

けれども、「継続性のマネジメント」に縛られた人事部門では、人事担当者はいつしか考えることを忘れてしまいます。そして、〃城郭〃のように堅牢に築いた制度をひたすら守り続けるようになります。

社員のやる気を最大化し、生産性を上げる

では、「継続性のマネジメント」に縛られない人事、「戦略性のマネジメント」の発想に立った人事とは、一体どういうものなのでしょうか。

その議論に移る前に、まず「戦略とは何か」について考えておく必要があります。私が言いたいのは、戦略とは本来、ふつうの人に理解できるものだということです。

企業の中で九〇％以上を占め、企業を実際に動かしているのは、ふつうの人たちです。一部の優秀なリーダーやエリート経営陣が会社を動かしていると考えるのは誤りで、ふつうの人たちが、リーダーの言うことや会社の経営方針に納得し、頑張って働くことで、会社は業

績を伸ばし、成長します。

こうしたふつうの人たちは、難解な戦略論は知らないかもしれませんが、リーダーが間違った方向性を打ち出したときは、「なんか変だな」と敏感に察知します。会社の上層部が立てた計画におかしな点があるときは、「なんかおかしいな」というまっとうな感覚をもつことができます。

ですから、戦略は、「こうやって勝つ」というふうに話の筋が通っていて、ふつうの人が聞いて納得できるストーリーになっていなくてはなりません。そういった戦略をベースに、ふつうの人である社員とのコミュニケーションを図り、そのやる気を最大化し、企業の生産性を向上させること、これが私の考える戦略人事のあり方であり、人事部門が担うべき役割です。

ちょっと個人的なことをお話ししましょう。私は、午前九時から午後六時までの空いた時間は、社員との一対一の面談に充てています。業務に関して必要なことを考えたり、メールで指示を出したりするのは、夕方六時以降、夜の九時まで（八時半から働く日は八時半まで）とし、一日一二時間働きます。

日中、会議に時間を割かなくてはならない日もありますが、「部屋のドアが開いていて、私が在室しているときは、いつでも誰でも入ってきてかまわない」と社内で公言しています。

もっとも、大半の人は事前に連絡をとってから訪ねてくるため、面談の予定は一週間先ぐらいまでほぼいっぱいとなります。

ＧＥでは、一日に五～一〇人ぐらい、年間ではおそらく延べ六〇〇～七〇〇人と面談してきました。もちろん、そのほとんどはＧＥの社員たちです。ビジネス部門の社員が来ることが多かったのですが、人事部門で働く私の部下がやってくることもありました。たまには社外の人たちも訪ねてきました。

そうやって面談に来る社員たちの圧倒的多数、たぶん九五％以上は、何らかの困り事を抱えている人たちです。仕事で悩んでいる人やフラストレーションをためこんでいる人、何らかの理由で元気をなくしてしまっている人や、自分の進むべき道について迷っている人、そんな人たちが入れ代わり立ち代わり、私の前に現れます。

私の役目は、そういう人たちの話に耳を傾け、何らかの言葉を放つことで崖っぷちから救い出すことです。だいたい五分ぐらい話を聞き、その場で答えを出します。それですべてが完全に解決するわけではないとしても、その人がなんとか袋小路から抜け出せるような言葉、下を向いていた人が顔を上げられるような一言を見つけ出して伝え、「さあ、行こう」と背中を押すのです。

　人が実践に裏打ちされた言葉を発するとき、その言葉は魔術として機能します。人事の仕事に携わる人は、そういう「言葉の魔術師」たるべきだと私は思っています。

　たとえば、職場の方針に不満を感じている社員が、私を訪ねてきたとしましょう。ひと通り話を聞いて、たまったものを吐き出してもらったら、私はまず「君は問題の本質がよくわかっているなあ」とほめます。それから「どうしたら解決できそう？　君、やってみない？」と聞いてみます。

　もし、当人が「いえ、自分にはとてもできません」と渋るようでしたら、「じゃあ、僕が代わりに君のボスに伝える」と言って電話の受話器に手をかけます。それでもまだ「やめてください」と怖気《おじけ》づくようだったら、こう言います。

「わかった。じゃあ、やっぱり君が行って自分で解決してこい。絶対に大丈夫。失敗してボスに叱られたら、僕が全面的にサポートする」

　ここまで言えば、その社員は元気を取り戻して部屋を出ていきます。ちょっと前まで不満の塊《かたまり》だった人が、なんとか会社をよくしてやろうという前向きに気持ちになって、翌日からの仕事に励むことができます。

私は、こういうことこそが人事の一番大切な仕事だと考えています。社員の頭の中に霧がかかっていれば、霧を晴らす手伝いをする。社員の心の中で火が消えかけているのであれば、熱く語って火つけ役になる。場合によっては、社員の心の中に手を突っ込んでグルグル引っかき回す。そうやって、社員のやる気を高めるために人事の仕事はあるのだと確信しています。

なぜなら、人間ほど生産性が飛躍的に向上する経営資源はないからです。

機械の性能を上げようといくら改良を加えても、生産性が一気に五倍も一〇倍も向上することはありません。けれども、人間は違います。言葉をかけ、ハートに訴えれば、多くの人はやる気を出してくれます。そして、人がやる気を出せば、その生産性は五倍にも一〇倍にも跳ね上がります。逆に人がやる気をなくせば、その生産性はゼロにまで落ちることもあります。

業種にもよりますが、製造業の人件費比率は売上高に対して三〇%ぐらいです。ということは、やる気が高くて、通常の倍の生産性がある集団が一丸となって働けば、人員は半分ですみ、売上高人件費比率は単純計算で一五ポイント減になります。そうなったら、その企業はビジネスでは必勝です。社員には、頑張って働いてもらう分、給料を余計に払うこともできます。

現に、ＧＥが展開するビジネスの生産性は、平均して競合他社より二倍高いと言われています。それはＧＥの社員のやる気が高いからにほかなりません。人のやる気とは、そのぐらい企業の競争力につながるものであり、企業にとって重要な差別化要素になるものなのです。

〝奥の院〟に鎮座しない

「人事の役割は社員のやる気を引き出すことだ」などと言うと、「それはむしろラインマネジャーの仕事ではないか」と反論する人がいるかもしれません。

確かに、一人ひとりのマネジャーがすべての部下のやる気をうまく引き出すことができれば、それはそれですばらしいことです。

ただし、世の中のすべてのマネジャーが「人間のプロ」とは限りません。マネジャー人材の中には、営業のプロもいれば、お金のプロもいますし、意思決定のプロもいます。さまざまな得意分野をもったマネジャーたちが集まって形づくっているものが企業です。営業力に秀でた人が販売で力を出し、数字に強い人がファイナンスをしっかりカバーし、意思決定の得意な人が全体を見て判断を下すのが、本来のチーム経営です。

また、ラインマネジャーの中には、短期的な結果を出すことに一生懸命になりがちなタイプがいて、そういう人は人を見るのが必ずしも上手ではありません。ですから、企業の中には、やはり人を扱うプロフェッショナルがいた方がいいでしょうし、会社の中に「人間のプロ」がいることで社員の生産性を高めることができていれば、その会社において人事部門の存在意義はあるとも言えます。

とはいえ、人事担当者として社員のやる気を引き出し続けるのは、容易なことではありません。私の場合、年間数百人と面談して悩み事や相談事を聞いているわけですから、そこでは毎回、私自身の見識が試されています。私がふだん何をどのくらい深く考えているか、私という人間の「軸」はどこにあるのかということが常に問われています。

人事部門では、日々、さまざまな課題にも直面します。その際、いくつかの選択肢があったとしたら、私が真っ先に考えるのは、社員のやる気が最も高まるオプションはどれかということです。社内で何かの施策を打ち出すときも、「それで社員のやる気は出るのか」という問いを頭の中で繰り返します。

企業の人事部門長というと、社内の〝奥の院〟に鎮座しているような印象をもたれるかもしれませんが、私の場合、昼間はできるだけ社内をうろちょろと歩き回って、社員たちの様子や組織の雰囲気に目を凝らすようにしてきました。知った顔の社員がいたら、「最近どう？　元気？」などと話しかけて反応を見ますし、どことなく元気がない人には「どうしたの？」と尋ねます。

そんなことをしていると、いくばくかの確率で、「実は相談に乗ってほしいことがあります……」といったメールが入ってきます。そういう人には後日、部屋に来てもらって面談します。

ＧＥは業績に厳しい会社なので、どうしても、忙しすぎ、働きすぎ、頑張りすぎの社員が多くなります。しかし、そんな状態を長く続けていても、その人の成長にはつながりませんし、無理を重ねていれば、やがてやる気が下がり、生産性が落ちていきます。

だから、私は社員に向かって「もっと休もう」と言うことはあっても、「もっと働け」とはけっして言わないようにしてきました。夜遅くまで残っている社員を見かけたら、「早く帰ろう」と促しました。お子さんが病気になったワーキングマザーがいたら、「仕事より子どもの健康の方が絶対に大事だ」と言って休んでもらいました。

そうやって、社員や組織に働きかけ、それぞれが最高のパフォーマンスが出せる状態をつくっていくことが、人事の大切な役割だと思ってきたからです。

正しいと思うことを正しく

社員のやる気を引き出すために、個人の相談に乗ったり、社内を見て回って組織の様子を観察したりというのは、世間の人たちが人事部門に対して抱いているイメージとはかなり異なっているかもしれません（ちなみに日本GEでは、ソフトボール大会、水泳大会、ハイキングなど、社員の気晴らしになるようなイベントも、人事のかけ声で、思いついたらどんどん開催してきました）。

詳しくはこれからお話ししますが、私も人事の仕事に携わるようになってすぐに、「人事の役割は社員のやる気を引き出すことだ」と気づいたわけではありません。

また、世の中の多くの人事担当者たちがついつい制度の維持に専念し、固執してしまう気持ちも、わからないではありません。

たぶん、世間一般の人事の人たちが制度の維持にこだわるのは、「制度をなくしてしまうと、マネジャーが人事の仕事の一部分を背負うことになる」と思っているからでしょう。

「制度で社員を動かさざるをえないのは、マネジャーの力量が不足しているためであり、われわれ人事担当者は、制度の企画と運用によってマネジャーの力量を補完し、間接的に社員のやる気を高めているのだ」と、声を大にして言いたい人事担当者もいるに違いありません。しかし、制度は権限を生み出します。人事制度ができれば、人事部門には権限が生まれ、人事担当者はルールや権限に基づいて仕事をするようになります。そして、いくら権限を振りかざしたところで、結局のところ、社員の心を揺り動かすことはできませんし、社員のやる気を本当の意味で引き出すことは不可能です。なぜなら、少なくともふつうの人は、人を縛りつける制度が嫌いだからです。

もっとも、人事部門が、制度の企画・運用によってラインマネジャーの力量不足を埋めている、という言い分そのものには一理あって、制度の少ない企業では、その分、マネジャーに高い見識が求められます。「過去」を見る「継続性のマネジメント」においては、制度を固守していればすみますけれども、「現在」を見て、変化に対応し、自分たちで変革を起こしていこうとする「戦略性のマネジメント」をするからには、制度に頼らない分、マネジャーには高い見識が必要とされるのです。

そういう企業ではさらに、マネジャーの中から、自社の将来ビジョンを描けるようなリーダーを育てていかなくてはなりません。つまり、戦略人事における最大の課題はマネジャーやリーダーの育成であり、その仕事には会社の命運がかかっています。

それだけではありません。戦略人事の実践においては、人事担当者も自らリーダーシップを発揮していくことを求められます。CEO（最高経営責任者）にリーダーシップが欠かせないように、一人ひとりの人事担当者にもリーダーシップは不可欠なのです。

人事担当者にとってのリーダーシップとは、権限ではなく見識をもち、正しいことを正しく主張することです。その場合の正しいこととは、ストーリー化した戦略であり、企業が業績を上げて成長していくための大きな絵（ビッグピクチャー）であり、あるいは世の中の変化に合わせて会社に起こすべき変革の道筋です。

そういう事柄を社員に対して真摯に語りかけ、会社が目指していく方向に向かって人々を巻き込んでいく。それが本当の「人事の力」だと私は考えています。

もちろん、私は、自分がいつも正しいことを話せているなどと、おこがましいことを言うつもりはありません。私は、隙《すき》だらけ、失敗だらけの人生を歩んできた人間の一人です。まだまだ知恵も知識も足りないと反省することもしょっちゅうです。

そもそも人間は、二五〇〇年に及ぶ哲学の営みをもってしても、正しいこととは何なのかという問いに対する答えをいまだに見つけられないでいます。一人の人間が「これが正しいことだ」と思い込んでしまうのは、ある意味ではとても危険なことです。

しかし、だからといって、みんなが批評家的になり、陰で文句や愚痴ばかり言って何の行動も起こさないような企業は、正しい方向に向かって進んでいきません。

大事なことは、「過去」からの継続性にとらわれず、「現在」の自分が正しいと信じることを実行に移すことです。そうすれば、自ずと努力と学習につながっていきます。時代は変わる、人も変わる、だからこそ、努力と学習を怠らないようにし、「現在」の自分が最も正しいと思えることを正しくやっていくのだという気になれます。

そして、多くの人が、自分が正しいと信ずることを主張し合えるような企業は、正しい方向に向かっていける可能性が高くなります。

今、私は、いろいろな企業の人事担当者たちが集まる勉強会で、講師を務めさせていただいています。そこに集まってくる若手や中堅の人事の人たちは、一様に大きな悩みを抱えています。日本企業の人事の問題点に気づいていても、社内で声を上げられなかったり、行動を封じられたりしており、閉塞感に押しつぶされそうになっています。

そういう人たちを鼓舞するために、私は「人事とは、すなわち経営だ」と訴えています。

営業部門が商品をたくさん売ることで経営に貢献するように、人事部門は、個人や組織が最高のパフォーマンスを出せる状態をつくり出すことで経営に貢献します。言ってみれば、経営の目線で人事をし、人事の目線で経営をするのが、真の人事担当者です。
そういう「人事のプロ」がどんどん日本に現れることを願ってやみません。

経営に貢献するジャッジとコーチ

「まえがき」でも述べた通り、創業期のベンチャーにとって、人事は大切だが、人事部はいらない。人事部門が必要とされるようになるのは、会社の規模が一定以上を超えてからだ。ただし、HPのビル・ヒューレットが語ったように、人事部門はあくまでも経営の質を高めるために存在する。人事の仕事は経営そのものだと言ってもいい。

八木さんが勤めていたGEに目を転じれば、かつてのCEOジャック・ウェルチは「CEOの仕事の八〜九割は人の問題だ」という言葉を残している。ラインの頂点に立つ経営者が、自分の仕事の大半は人に関することだと言い切っているぐらいだから、人事と経営はもともと不可分なのである。

だが、人事部門がそのようにうまく機能している企業は、果たしてどのくらいあるのだろうか。

ミシガン大学のデイビッド・ウルリッチは、人事部門の役割を、①戦略やビジネスのパートナー、②変革のエージェント、③管理のエキスパート、④従業員のチャンピオン——の四つに整理した（『ＭＢＡの人材戦略』梅津祐良訳、日本能率協会マネジメントセンター、一九九七年）。

詳しくは第五章でもう一度解説するが、日本企業の人事部門は①と②の役割があまりうまく果たせていない。日本の会社では、戦略を議論する場に人事担当役員が同席することはあっても、それは人事絡みの質問に答えるためにすぎず、人事の視点で戦略を語ってほしいという期待はかけられていない場合が多い。変革の促進者であるべき人事部門が、自分からはまったく変わろうとしないという話もあちこちで聞く。ビジネスに無頓着で、変わるのが苦手な組織。これが日本の人事のおおよそのイメージだろう。

八木さんは、「マフィア神話」という言葉を使って人事部門の虚像と実像をあぶり出した。

確かに、社員の情報がたくさん集まってくる人事は、それだけで伏魔殿《ふくまでん》のように見られてしまう宿命を背負っている。「マフィア」という言葉には、評価される側からの人事への揶《や》揄《ゆ》も多分に含まれているような気もする。

しかしながら、「自分たちは社員を評価する立場なのだから優秀なのだ」と思い込み、社員を将棋の駒のように動かして、自分がえらくなったと勘違いをしている人事担当者がいるとすれば、それはやはり「人事マフィア」そのものだろう。

ダグラス・マクレガーは、一九六〇年に著した古典的名著『*The Human Side of Enterprise*』において、社員を評価するラインマネジャーや人事部の役割を「ジャッジ（審判）とコーチ」にたとえている（邦訳書は『企業の人間的側面』高橋達男訳、産能大学出版部、一九七〇年）。審判とコーチを同時に両方やるのはかなり難しいことではあるが、その難しさを意識し、受け入れながら評価の仕事にあたらなければ、ラインマネジャーも人事も務まらない。

小林製薬の小林一雅前社長（現会長）はよく「人事が一番、人を知らない。知っているといっても、それは紙の上のことだ」と語っていたという。

八木さんは、ＮＫＫで人事の仕事を始めたばかりの頃、カードに書いてある社員情報をおぼえさせられたと明かしてくれたが、このエピソードもまさに、人事が「紙の上の情報」だけを頼りに社員を知っているつもりになっていることを表している。

実際のところ、企業でたとえば新規事業を起こそうとするとき、人事記録を参考に担当者を決める経営者はいないだろう。新規事業を任せられそうな人材は、かつてその会社で新規事業を起こした経験のあるラインマネジャーが自分で見つけてきて育てているものだ。それぞれの社員がもっている強みや弱み、仕事に向かうときの姿勢や目つき、そういったものは紙の上には書かれておらず、ラインマネジャーしか知らない。

自ら新規事業をいくつか起こした強者《つわもの》なら、「あいつは目つきが違う、きっとすごいことをやってくれるだろう」という自信たっぷりの一言が言える。しかし、人事をバックオフィスだとしか思っていない人事部長に、このような発言はできないだろう。

清く正しいえこひいき

本書を通して読めばよくわかるが、八木さんは独自の言語センスで物事の核心を突いていく。人事の人たちを「学校の先生」になぞらえたのも言い得て妙で、私もまったく同感だ(私自身は逆に「あまり先生っぽくない」とよく言われるが、むしろそれを喜んでいる)。

「戦略性のマネジメント」と「継続性のマネジメント」という対比の仕方も鮮やかだ。人事部門はついつい継続性に縛られ、戦略性を見失う。制度を継続させるべき理由としては、しばしば公平性が強調される。もちろん公平性は大事だが、公平さにばかりとらわれていると、思考停止に陥り、何もできなくなる。それよりは、八木さんの言うように「ちょっとだけ不公平」をつくり出す方がいいのだろうし、「清く正しいえこひいき」は、私はありだと思っている。

また、八木さんは、年功序列などの制度を「三種の神器」にしたのは〝日本人の罪〟だったと述べ、そのきっかけをつくった外国人研究者の名前を二つ挙げた。

そのうちの一人、ロナルド・ドーアは英国の社会学者で、日本企業を調査研究して『イギリスの工場・日本の工場』を著した。その序文に印象的な箇所がある。

「日本人が物事を処理する際に見せる思慮分別、思いやり、協調性、秩序正しさについては大いに賛成すべき点があるのであるが、それとひきかえに日本人は、個性や独立性を犠牲にするという形で、また仕事に対する誇り以外の、人間に喜びをもたらしうる楽しみを犠牲にするという形で、高価な代償を払っている」

「日本の企業では、仕事のやりがい、人間的互譲の精神、企業集団という長いものにまかれる安定感などはあろうが、個人の独立、自分の生き方を選択する自由、自己達成契約の公正を要求する力からいえば、イギリスの企業の方がましだ。（中略）私だったら日本の企業の従業員になりたいとは思わない」（山之内靖・永易浩一訳、筑摩書房、一九八七年）

つまり、ドーアは日本的経営のすべてをほめたたえたわけではないのだ。八木さんが指摘した通り、日本人が自ら日本的経営を礼賛《らいさん》し、制度を「神器」に祀り上げてきた面があることを心に留めておきたい。

「人間のプロ」という言葉の重み

八木さんによれば、戦略は、企業の中で大半を占める「ふつうの人たち」に理解できるストーリーでなくてはならず、「ふつうの人たち」は、リーダーが間違った方向性を打ち出したときや、会社上層部がおかしな計画を立てたときは、「変だ」「おかしい」と感じることができるという。これについても私の思うところを記しておきたい。

A・O・ハーシュマンは、企業と消費者、あるいは組織とそのメンバーの関係性を、「exit」「voice」「loyalty」という三つのキーワードを用いた枠組みで検討した（『離脱・発言・忠誠――企業・組織・国家における衰退への反応』矢野修一訳、ミネルヴァ書房、二〇〇五年）。

邦訳書の用語にそって言えば、企業が戦略を誤りそうになったとき、社員がさっさと見限って会社を去るのは「離脱」、声を上げて言いたいことを言うのは「発言」であり、こうした反応は「忠誠」の具合に影響される。忠誠心がなくて会社をやめる人もいるし、忠誠心から声を上げる人もいる。忠誠心が強すぎるあまり、会社の方針を妄信し、まったく声を上げない人もいる。

もちろん、会社にとって本当にいいのは、忠誠心から声を上げる人たちであり、「voiceless loyalty（声なき忠誠）」は会社のためにならない。「ふつうの人たち」が声を上げられ、その声が経営者や上層部に届くかどうか。そのあたりにも人事の役割が見出せそうだ。

八木さんは、会社の中に人事という「人間のプロ」がいることで、社員の生産性を高めることができていれば、その会社において人事部門の存在意義はあるとも喝破した。そう断言できるのは、「デリバラブル（deliverable）発想」で働いている人だからだろう。

企業の人事担当者に「あなたの仕事は何ですか」と尋ねると、「採用をしています」とか「研修をやっています」などと、「やっていること」「やろうとすればできること」を答える人が多い。これはその人が「ドゥアブル（doable）発想」に留まっていることを意味している。採用や研修の仕事を通じて「会社に何をもたらしているか」というふうに自身の存在意義が語れなければ、「デリバラブル発想」をもっているとは言えない。

もっと言うと、そもそも「プロ」とは何かをもたらせる人なのであって、旧態依然とした人事部門の人が「人間のプロ」を名乗るのと、八木さんが「人間のプロ」を名乗るのとでは、だいぶニュアンスが違う。

読者の中に企業で人事の仕事をしている人がいたら、自分がリアルに、そしてひしひしと経営課題を感じながらも、自信をもってその課題をＣＥＯとともに解決する「人間のプロだ」と名乗れるかどうか、ぜひ心に問うてみてほしい。

第二章 組織の力を最大限に高める

「勝ちの定義」が明確な会社

本章では、私が一三年間勤めたGEという会社の特徴と、そこにおける人事部門の機能についてお話ししていきます。

GEは、さまざまな事業を世界一〇〇カ国以上で展開しているグローバル企業です。社員総数は約三〇万人に上り、ジェフリー・イメルトCEOがトップを務めています。

ただ、GEは、エネルギー、金融、不動産、電気製品、医療機械、航空機エンジンなど、さまざまな事業を手がけている複合企業体なので、実態がなかなかつかみづらいと感じている人がいるかもしれません。実は日本GEの中にもそういう社員は少なくありません。「GEの強さの秘密を語ってごらん」と言われて、明快に即答できる社員はそうそういません。

そこで私の考えを申し述べますと、GEはまず「勝ちの定義」がはっきりしている会社です。自分たちにとっての勝ちとは何か、何が達成されていれば勝ったと言えるのかということが、経営陣の間できわめて明確になっています。

では、その定義は何かというと、イメルトがCEOに就任して以降のGEでは、「グロース（成長）とリターン（利益）」です。

と言い切ってしまうと、なんだか身も蓋もない感じもしますが、GEの中でこの「勝ちの定義」が揺らぐことはありません。景気がどんなに悪化しようと、為替がどう変動しようと、あるいは競合がどういう動きを見せようと、ＧＥは勝つためにグロースとリターンを取りにいきます。

具体的には、毎年、売り上げを八％伸ばし、前年比二桁増の純利益と、投資利益率二〇％を確保するというゴールがはっきりと設定してあります。それができれば勝ちであり、ＧＥの株価は上がります。できなければ負けで、株価は下がります。ＧＥの「勝ちの定義」は、投資家たちの間にも周知されているのです。

私が見るに、日本企業にはこういう明確な「勝ちの定義」がありません。「いや、うちの会社にはある」と言う人もいるかもしれませんが、勝ちを定義するとは、勝てなかった場合には、誰かが責任をとってやめなくてはいけないということです。そのぐらいの勝ちへのこだわりが日本企業にあるでしょうか。

グロースとリターンというＧＥの「勝ちの定義」は、日本人の感覚からするとやや浅いものかもしれません。企業はもっと崇高な目標を掲げるべきだという意見もあるでしょう。しかし少々薄っぺらい目標であっても、それが「勝ちの定義」としてしっかりと示されていれば、社員はそれに向かって頑張って働くことができます。人事部門も、勝つためにグロースとリターンを取りにいくためのアクションを起こせます。このことは企業としての強さにつながります。

ところが、「勝ちの定義」が明確でない企業ではそうはいきません。実際、日本企業の中には、あるときは「成長が大事だ」と言い、またあるときは「利益を確保せよ」と言い、業績が悪化してくると、今度は「なんとか雇用を守りたい」と言い出すような会社がたくさんあります。これでは社員は何を目指して頑張ればいいのかわからず、人事部門も動きのとりようがありません。

雇用が大事なのであれば、最初から「雇用を守ること」を自社の「勝ちの定義」とし、「わが社は成長や利益を犠牲にしてでも社員の暮らしを守るのだ」と株主にも堂々と説明して、なおかつ会社を存続させれば、そこには戦略的一貫性があると言えますが、そういう企業はあまり見かけません。むしろ、業績が悪いときに、成長目標や利益目標を達成できないことの言い訳として、「雇用を守りたい」と聞こえのよいことを言い、世間に甘えている企業が多いように私の目には映ります。

戦略はシンプルに

　GEは、自分たちの強みをよく認識している会社でもあります。傘下のすべての事業が世界のリーディングカンパニーになれるようなポートフォリオをもつこと、それも、長期的ビジネスと短期的ビジネス、ハードウェア事業とソフトウェア事業を組み合わせた形でもつということを、とても重視しています。

　当然、世界にまたがるグローバル企業ですので、自社の規模の大きさもよく認識していいます。しかし、大企業病に陥らないように、スモールカンパニー・スピリッツをもち続け、規模のメリットを、積極的にリスクをとったり、思い切った投資をするといった行動に生かしています。

　では、GEはどういう戦略で勝とうとしているのでしょうか。

　GEの戦略はとてもシンプルであり、現状では、①卓越した技術を用いた新製品を出していくこと、②サービスとソフトウェアを充実させていくこと、③成長が著しい新興国市場をリードすること、④GEが熟知する市場で事業を拡大していくこと、⑤専門金融で新たな成功を収めること、⑥顧客と社会のために問題解決をしていくこと——の六項目が掲げられています。六番目は戦略というよりもミッションに近いかもしれません。

加えて、ＧＥでは近年、環境（ecology）と経済（economy）の二つの「エコ」を両立させる「エコマジネーション（ecomagination）」、医療ヘルスケア分野に力を入れる「ヘルシーマジネーション（helthymaginaton）」というテーマを掲げ、特にこの二つの分野にフォーカスしてイノベーションを推進していくと宣言しました。こちらは戦略というより、イニシャティブですが、発想としてはやはりきわめてシンプルです。

前章でもお話しした通り、戦略はストーリーになっていなくてはいけません。話の筋が通っており、社員の誰が聞いても「そうだよな」と腑に落ちる内容でなければ、戦略とは呼べません。

その点、ＧＥの戦略はシンプルで、なおかつストーリー性があり、社員にとって納得感のあるものだと私は受け止めてきました。

戦略がシンプルだと、各国の各ビジネス部門は、戦略をそれぞれの目標に落とし込みやすくなりますし、自分たちのアクションを決めやすくなります。その表れとして、ＧＥではスピード感をとても重視しています。見切り発車はよいこととされており、アクションを起こして、失敗したら修正し、またアクションを起こすということを全社を挙げて繰り返しています。

アメリカンフットボールの試合では、プレーの前に選手たちが顔を寄せ合って戦術を確認し、その後、さっと陣形を組んでプレーをスタートしますが、ＧＥの経営はまさにそういう感じです。ＣＥＯのイメルトが上層部との相談をへて決めたことは、おそらく八時間以内に全世界のＧＥに伝わり、ただちに何らかのアクションにつながっていきます。

そしてアクションの中身が決まって、物事が動き出したら、あとは、三〇万人の実行力をいかに引き出すかです。人事部門はそこを考えて、社員たちとコミュニケートしていくわけです。

本音を封印し、建前で働く

もう一つ、私がＧＥについて思うのは、ＧＥは「建前の会社」だということです。「本音を封印する会社」と言い換えてもいいでしょう。

ＧＥの社内では、言ったことがすべて、決めたことがすべてです。たとえば先にＧＥの六つの戦略を挙げましたが、これは会社案内に明記されていることです。ＧＥの社員たちは、書いてあることを書いてある通りにやっていきます。

もちろん、社員は人間ですから、中には、会社が決めたこととは違う本音を心の中に抱えている人もいるでしょう。しかし、GEでは、会社の方針に異論があれば、方針が決定する前に言うべきとされ、みんなで同意して決めたことは、決めた通りにやります。本社はこう決めたけれども、日本GEの社員の本音はこうだとか、中国のGEの社員の本音はこうだといった言い方は通用しません。建前は、言い換えれば大義です。大義の前では、いかなる本音も封印するしかないのです。

最近よく日本企業に勤める方から、「会社のグローバル化を成功に導くにはどうすればよいですか」と尋ねられます。私は「社員が建前で働く会社にすることでしょう」と答えるようにしています。

これまで日本企業では、同じ文化を共有する社員同士が心を通わせながら働いてきました。そこでは大事なことをあまり口に出して言わなくても、お互いに本音を探り合うことでコミュニケーションをとることができました。

けれども、会社をグローバル化させていく場合は、それではうまくいきません。異なる国に生まれ育ち、異なる文化をもつ人々からなる組織では、大事なことはちゃんと言い、あるいはきちんと明文化しておいて、その通りに仕事を進めていくというふうに社内のコミュニケーションのとり方を変えていく必要があります。それがグローバル化を成功させる秘訣だと私は考えています。

「できませんでした」は通らない

「建前の会社」であるGEには、レビューミーティング（オペレーション・メカニズム）という特有の仕掛けがあります。これは、基本的に各国のビジネスごとにやっている定例ミーティングのことです。通常は月一回開きますが、ビジネスによっては二週間に一回のペースで開きます。

このレビューミーティングでは、最初にその年の目標を決めます。まずそのビジネスのリーダーが、各マネジャーに目標を出してもらいます。リーダーは組織の実力を考慮して、必要があれば、目標をストレッチしたものに設定し直します。といっても、ゴムを思いきり引っ張るようなむちゃくちゃな目標を立てたりはしません。組織の実力に見合ったギリギリ高めの目標を掲げます。

あとは、毎月もしくは隔週のレビューミーティングで、リーダーがマネジャーたちから報告を受け、目標が達成できそうかどうかをチェックしていきます。オポチュニティ（機会）はどのくらいか、リスクはどうか、このままで目標は達成できそうか、できなさそうか、できなさそうな場合はいくら足らないか、そうなったのはなぜか、見通しが甘かったのか、予想した通りに売れていないのか、じゃあ、どういう対策を立てるのか。そういったことをリーダーはマネジャーたちに次々に聞いていって、みんなでビジネスの状況をつかみます。

年度の終わりになって、目標が達成できなかったという事態は許されません。GEでは、幹部も社員も「コミット・アンド・デリバー（やると言ったらやる）」が基本姿勢であり、「アカウンタブル（責任をもつこと、言行一致であること）」を求められます。それに、目標を必ず達成するために、レビューミーティングを頻繁に開き、その都度、リーダーがアドバイスとコーチングとワーニングを重ねて対策を講じるのですから、「やっぱりできませんでした」では通りません。

もし、そうなりそうな場合は、途中でマネジャーを交代させることもありえますし、それでも万が一、目標が未達になりそうになったら、「どこかよそでカバーしろ」という話になります。たとえば、日本のビジネスで達成できない分の額をアジアのどこかの国で代わりに稼いでもらい、アジア全体としてはなんとか目標をクリアする、といった方策を立てるのです。

そうなると、当事者はかなりこたえます。目標を達成できなかったリーダーは悔しくて夜も眠れないでしょうし、責任をとってやめなくてはならないかもしれません。かなり厳しいとも言えますが、ＧＥの勝ちへのこだわりはそれぐらい強いのです。

ものが売れないのは人事の責任

こうしたレビューミーティングは、世界中のＧＥで開かれています。やり方はどこも共通ですから、非常に効率のいいマネジメントスタイルでもあります。

そして、各国のビジネス部門ごとに行われるレビューミーティングには、その部門の人事責任者も必ず同席します。ミーティングの輪の中に入っていって、話を聞きながら組織の状態を見極め、人事の立場からアドバイスするためです。どの社員をもっと伸ばし、どの社員にもっと力をつけさせるかといった人材育成に関する意見も述べますし、場合によっては、人事の立場を超えて発言することもあります。自分の上司であるリーダーに対しても、そのやり方に疑問を感じたら、「あなたのやり方は間違っている」と指摘します。

レビューミーティングでやっていることを、私はよくお団子屋さんの経営にたとえて説明します。

お団子屋さんには、団子をこねてつくる人、材料を仕入れる人、お店で団子を売る人などが働いています。その店で、ある月、突然、売り上げが急激に下がったとします。

そうすると、団子をつくる人は、団子の味が落ちたのか、それともお客さんの好みが変わったのかなどと、理由をあれこれ考えるに違いありません。ほかの従業員たちも同じです。材料を仕入れる人は、粉の品質が落ちていないかどうかを気にするでしょうし、お店で団子を売る人は、自分たちの接客態度に問題はなかったかと反省するでしょう。

団子をつくる人、材料を仕入れる人、団子を売る人が、それぞれの持ち場を超えて意見を述べ合うこともあるでしょう。そうやって、みんなで団子が売れなくなった理由を一生懸命に考え、ピンチを乗り越えようとするはずです。

GEで開かれているレビューミーティングも、このお団子屋さんがやっていることと同じです。顧客がGEのものやサービスを買ってくれないのであれば、それはみんなの責任であり、みんなで原因を究明して対策を考えなくてはならないのです。

日本企業の人事の人たちは、会社の業績が悪化しても、「人事は人事なのだから、現場のことは知らないよ」という態度をとりがちです。自分はエリートでえらいと思い込んでいる人事の人はなおさらそうです。

が、GEではそうはいきません。業績が悪くなれば、人事にも問題があると見なされます。

「人事は人事として一生懸命にやっています」という言い訳も通りません。顧客がものを買ってくれない以上、負けは負けなのですから、人事としても潔く責任をかぶるしかないのです。

グロースバリュー

それでは、ＧＥはどのような人材を求め、どんなやり方で社員を評価しているのでしょうか。

ＧＥは、たとえて言えば、オリンピックで金メダルを狙うアスリート集団のような企業です。全社を挙げて世界一になろうとしているのですから、一人ひとりの社員には最高のパフォーマンスが要求されます。そのため私は、ＧＥへの就職を希望する人に対しては、あらかじめ「市民ランナーがやりたいのであれば、この会社は向きませんよ」とアドバイスするようにしてきました。

もちろん、いくら金メダルを目指しているといっても、すべての社員がそれに見合ったパフォーマンスを出し続けられるわけではありません。ＧＥが求める水準の仕事ができず、なかなか結果を残せない社員もたくさんいます。そういう社員をしっかりサポートすることも人事の仕事です。

しかし、GEは目指すものがはっきりしている会社ですから、会社の戦略をよく理解し、一生懸命に結果を出そうとしている社員に対しては高い評価を与えますし、そうでない社員の評価は低くならざるをえません。そして、著しく評価の低い社員には去ってもらうことになります。

そういった人事評価の指針となり、GE社員をまとめていくための価値観・行動規範を表しているのが、かつてのGEバリューであり、現在のGEグロースバリューです。

GEバリューは、ジャック・ウェルチがトップだった時代に掲げられました。イメルトもこれを継承し、GEのベースをなす考え方となりました。

その内容は、社員が実行すべきアクションと、仕事のやり方を示すバリューに分かれており、アクションは「想像する（imagine）」「解決する（solve）」「築く（build）」「リードする（lead）」の四項目、バリューは「好奇心（curious）」「情熱（passionate）」「工夫に富む（resourceful）」「責任をもつ（accountable）」「チームワーク（teamwork）」「コミットメント（commitment）」「開かれた（open）」「鼓舞する（energizing）」の八項目からなっていました。

各項目を見ればわかるように、GEは社員に対して当たり前のことを実践するように求めてきました。社員が世界中で一致団結して働くためには、当たり前のことをきちんと実現することが大切なのです。

そして、GEを次の段階に移行させようとしたイメルトは、GEバリューをベースとしつつ、さらにグロースの重要性を強調した価値観・行動規範としてGEグロースバリューを打ち出しました。その中では、GEのビジネスを成長させるリーダーに求められる五つの資質を抽出しており、それらをすべての社員に発揮するように求めています。

GEグロースバリューは、「外部志向（external focus）」「明確でわかりやすい思考（clear thinking）」「想像力（imagination）」「包容力（inclusiveness）」「専門性（expertise）」の五項目からなっています。

もう少しわかりやすく説明しましょう。まず「外部志向」は、顧客や市場や競合を見て、意思決定をすることです。「明確でわかりやすい思考」とは、アクションにつなげていけるように戦略的に考えること。「想像力」は新たなものを生み出していく力を指します。「包容力」には、世界に目を向けて自らを問い直す謙虚さも含まれます。そして「専門性」は、深い洞察をもって物事を瞬時に判断できるぐらいの高度な専門性を意味しています。

このGEグロースバリューを策定するにあたって、GEでは初めに、社内でトップクラスの成績を出しているリーダーたちを一五〇人ぐらい選び、その人たちがもっている資質を分析しました。さらに約二年間をかけて、世界中の企業を訪問して調査をしたり、社内で議論を繰り返したりして、GEがより一層の成長を目指すうえでキーワードとなる言葉を探していきました。

世界の企業を訪問する調査では、GE本社でリーダーシップ教育を受けているトップクラスの人材が、アクションラーニングの一環として日本にもやってきました。その際、日本GEの人事部門は事前に訪問先企業を選んでおくといった手伝いをしました。また、自分たちでも独自に企業を回って話を聞き、本社にレポートを提出しました。

こうした取り組みは世界中で行われ、その結果、最終的に出てきたキーワードが、先に挙げた五項目です。だからこそ、GEはグロースバリューの中身にかなりの自信をもっており、人事評価でもこれを重要な指標にしています。

ナインブロック

GEにおける人事評価のやり方は非常にシンプルです。ナインブロック（9-Block）と呼ばれるマトリクスを用いて、役員や社員のパフォーマンスの度合いと、GEグロースバリュ

図　GEの人事評価マトリクス

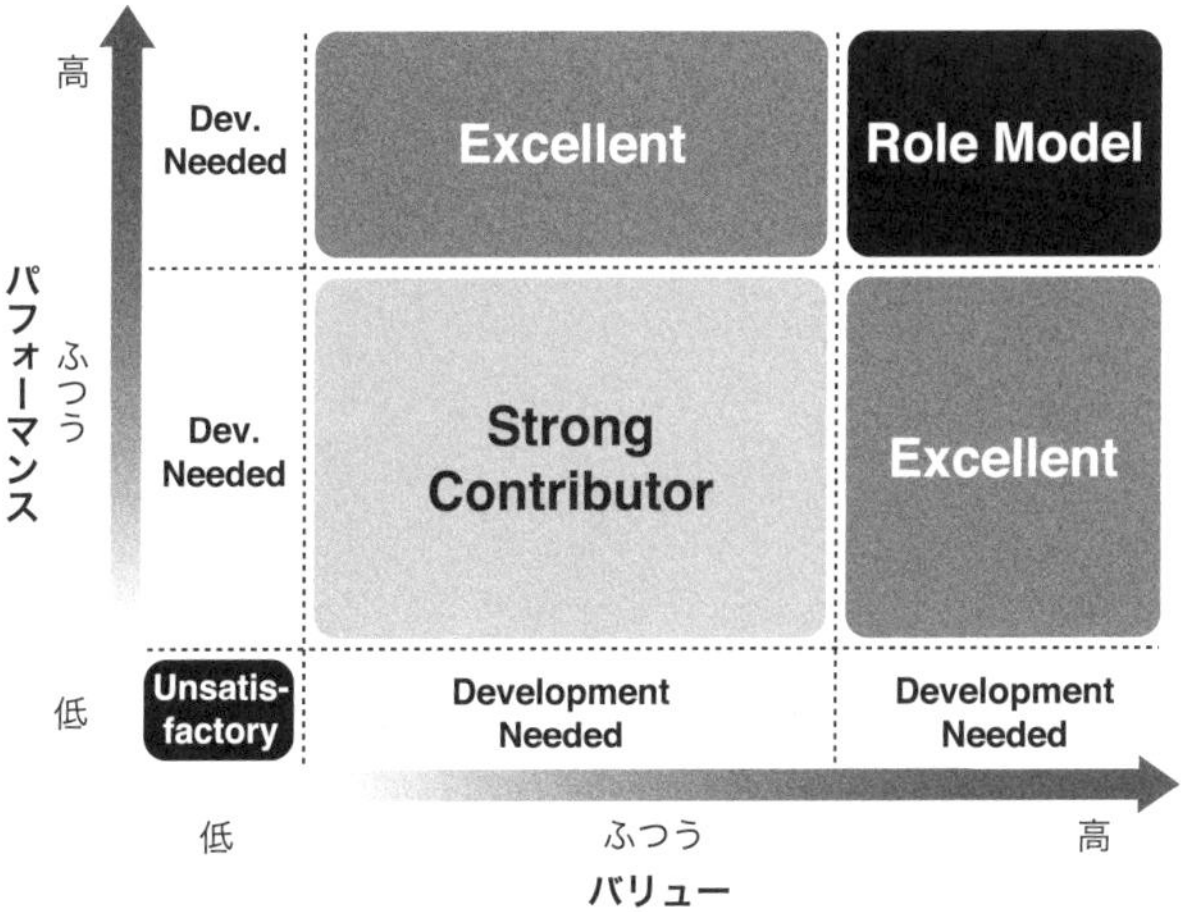

ーの発揮度を評価しています。

図をご覧ください。ナインブロックは、縦軸をパフォーマンス、横軸をバリューとし、それぞれ「期待以上」「期待通り」「期待以下」に三つに分けることによって、九つのマス目をつくったものです。評価は上から順番に、「①Role Model」「②Excellent」「③Strong Contributor」「④Development Needed」「⑤Unsatisfactory」の五段階に分かれます。ちょっと単純すぎると思われるかもしれませんが、GEの人事評価において私たちが最も時間を割いているのは、このナインブロックについての議論です。

ナインブロックを用いた評価は、決められたレベルごとに行われます。本社のCEOは直属の幹部たちを評価し、国単位のCEOは、その国のGEで働く一定以上の階層の人たちを評価します。各国でビジネスを統括するリーダーは、部下であるマネジャーや社員たちを評価します。

いずれの場合も、評価者が進めていくのは、自分の組織のナインブロックをつくり、部下の名前を九つのマス目の中に入れていくという作業です。そうすると、組織ごとのナインブロックができ上がります。

もっとも、優れたビジネスリーダーになると、いつもこのナインブロックを頭に入れておき、この部下は「Excellent」、あの部下は「Development Needed（改善の必要あり）」というふうに評価も日々行っていますから、本当はわざわざ書き出す必要もないぐらいです。日常的に社員の評価ができ、社員の育成に役立てられるのがナインブロックなのです。

もう少し詳しく見ていきましょう。図からもわかる通り、ナインブロックを用いた評価では、パフォーマンスの度合いとGEグロースバリューの発揮度を同等に重視します。パフォーマンスがすばらしくてもバリューの発揮度がふつうの人と、パフォーマンスはふつうでもバリューの発揮度は最高の人は、どちらも「Excellent」です。また、パフォーマンスは最高もしくはふつうでもバリューの発揮度が低い人と、パフォーマンスは低いけれどもバリューの発揮度は最高もしくはふつうの人は、どちらも「Development Needed」となります。

これは、世間一般の成果主義とはかなり異なった考え方です。通常の成果主義では、業績のみを重視し、社員が、その会社が理想とする価値観や行動規範にどれくらい合った働き方をしているかということは問いません。

しかし、GEでは、先ほどもお話ししたように、グロースバリューの策定に際して、実際にトップクラスの成績を上げているリーダーたちの資質を検証しており、長い目で見れば、バリューの発揮が必ずやGEのビジネスを成長させるという前提に立っています。だから、パフォーマンスの度合いだけでなく、バリューの発揮度も評価し、しかも二つの評価のウエイトを半々にしているのです。

さらに言えば、人事担当者は、社員の昇進を決めるときには、その人のパフォーマンスの度合いもさることながら、バリューの発揮度を非常に重視します。パフォーマンスはときとして市場環境などの偶然に左右されますが、バリューの発揮度は社員の資質そのものを表すからです。したがって、パフォーマンスがよくてもバリューを発揮していない社員の昇進が検討された場合は、人事として反対意見を述べることになります。

評価は貢献度を主観で見る

ナインブロックを用いた評価のもう一つの特徴は、細かい測定項目がないことです。パフォーマンスの度合いも、バリューの発揮度も、それが「期待以上」か、「期待通り」か、「期待以下」かを決めるのは、おおむね主観によります。もちろん、評価者と人事の間では徹底的に議論を交わしますが、それも主観と主観のぶつかり合いと言っていいでしょう。

いつだったか、「そんなふうに主観で評価するのはいいかげんだ」と言い出したエンジニアの社員がいました。何事においても論理性を重んじる彼は、パフォーマンスとバリューの測定項目をつくって点数をつけた方が正確な評価ができるはずだと主張しました。

私はその考え方は間違っていると思いましたが、「では、つくってみたら」と彼に勧めてみました。ただし、彼がふだん組織の中で見ているメンバーたちをあらかじめ主観によってナインブロックで評価して私に提出し、そのうえで、点数を計算する方法で同じメンバーを評価してみてほしい、と条件をつけました。

彼はかなりの時間をかけて、測定項目と点数のつけ方を考案し、実際に組織内のメンバーを評価してナインブロックをつくり、私のところに持ってきました。主観によってメンバーを評価したナインブロックも提出してくれました。

そこで、両方を見比べたところ、やはりと言うべきか、結果は一致しませんでした。主観で高い評価を受けた人が必ずしも点数計算で高い評価を受けているとは限らず、また点数計算で高い評価を受けた人が必ずしも主観では高い評価を受けていなかったのです。

こうした違いは、経営という大きな文脈の中で評価するか、それとも限られた分野の数字で評価するかの違いだと、私は解釈しています。

GEのナインブロックは、かなり主観的にではありますが、社員の会社に対する貢献度を評価する指標です。他方、彼が発案したような「測定項目×点数」のやり方では、項目ごとの点数の合計をはじき出すことはできても、その社員が会社にどのような貢献をしているかという全体観を見過ごすことになります。だから、二つの評価の間には違いが出てきます。そのことを、エンジニアの彼は「いいかげんだ」と言ったわけですが、その指摘は当たらないのです。

人はそれぞれ強みと弱みをもっています。主観で評価する場合、その人が強みの部分によって会社に大いに貢献しているのであれば、弱みの部分はあまり問われません。つまり主観的に高い評価を受けます。

しかし、「評価項目×点数」のやり方だと、強みの部分は高い点数で、弱みの部分は低い点数で表されます。その結果、強みの点数が弱みの点数によって打ち消され、結果的にその人の評価が低くなる可能性があります。つまり、このやり方は、あらかじめ決めておいた項目ごとに点数をつけるという意味では「客観的」かもしれませんが、必ずしも社員の経営への貢献度を正しく評価するものではないのです。

GEの人事評価は、毎年一回、セッションCと呼ばれる会議で行われます。これは、社員の評価内容を閻魔帳《えんまちよう》にメモするといった類《たぐい》の場ではありません。各レベルの評価者と人事担当者が前年の評価を確認するとともに、自分たちの事業をもっと成長させるためにはどうすればいいか、高評価の社員をもっと生かすにはどういうポストに就かせるべきか、低評価を受けた人にもっと貢献してもらうにはどうすればいいのか、といったことを話し合います。

このセッションCにおいて、評価者と人事担当者の意見が大きく食い違うことはありません。双方とも、それまでのレビューミーティングで、組織の業績をチェックする議論を幾度も繰り返してきており、組織のメンバーそれぞれの貢献度については、お互いにだいたいわかっているからです。

それでも意見が異なったときは、お互いに考えをぶつけ合います。ビジネスリーダーの中には、特定の部下に過度の期待をかけてしまう人や、隠れた人材に目を向けきれていない人もいますから、そういうときは、人事担当者は勇気をもって異論を述べます。ビジネスリーダーの仕事は、最強のチームをつくって目標を達成することです。人事の仕事はその手伝いをすることであり、組織のパフォーマンスを最大にするという役割を担っています。なので、レビューミーティングのときも、あるいはこのセッションCにおいても、GEの人事には、必要があれば「人を見るプロ」としてリーダーに苦言を呈することが求められています。

先ほども言ったように、GEでは人事は結果責任を負うことになっており、組織のパフォーマンスが下がり、目標が達成できなかったら、リーダーとともに責任を問われるからです。

「通訳」の役目を

とはいうものの、人事評価には難しい問題がつきまといます。上司と部下の間には相性というものがあり、相性のよしあしによって、上司の部下に対する評価が変わるといったことはしばしばあります。たまたま上司との相性が悪く、それゆえに低い評価を受けた部下にしてみれば、「不公平だ」と声を上げたくなる気持ちもわかります。

ただ、こうした問題はある程度仕方がないのではないかと私は思っています。

話をわかりやすくするために、プロ野球を例にとって説明しましょう。

かつて、阪神タイガースでは野村克也監督から星野仙一監督に指導体制が変わりました。それによって、阪神が目指す野球のスタイルも変わりました。あえて単純な分け方をすれば、野村野球は選手のデータを、星野野球では選手のガッツを重視します。そうすると、野村監督時代の選手の評価と、星野監督になってからの選手の評価は、自ずと違ってきます。

当然、選手はその違いを受け入れなくてはなりません。野村監督のときは数字を出していればよかったかもしれませんが、星野監督にはガッツを見せなくてはいけません。ガッツを見せられず、それがために試合に出られなくなったのなら、「不公平だ」と声を上げたところで仕方がないのです。なぜなら、チームが優勝できなかった場合に、最終的に責任をとるのは、選手ではなく監督だからです。

企業の人事評価にも、これと似た面があります。人事評価は、組織のパフォーマンスについて最終的な責任を負う人が下すものです。ということは、最終責任者がどういう人かによって、評価される人材は変わってきます。ですから、上司と相性が悪く、そのため低い評価を受けてしまう部下がいたとしても、それはあながち不公平とは言えないのです。言ってみれば、「上司との相性も実力のうち」です。

もちろん、組織のリーダーは、自分の考え方にこだわるだけでなく、それをメンバーにちゃんと伝えて納得を得ておく必要があります。もしそうした努力が不十分なようであれば、そのことを人事担当者はリーダーに対して指摘すべきです。また、メンバーたちがリーダーの考え方をよく理解していないようであれば、人事はリーダーの考え方をメンバーに語らなくてはなりません。GEでは、人事担当者がそういった「通訳」の役割を果たすことで、評価をめぐる公平性の問題をできるだけ減らそうとしています。

ただ、そこまでやっても、公平性の問題はゼロにはなりませんし、組織としてあまり公平性を追いすぎると、組織は死んでしまいます。公平性はむしろコミュニケーションのとり方や、社員へのチャンスの与え方に求めるべきではないか、というのが現時点での私の考えです。

最後は雇用に手をつける

ここまで見てきて、読者のみなさんは、GEという会社についてどのような印象をもたれたでしょうか。

おそらく多くの読者が感じていることだと思いますが、GEは必ずしも万人にとっての

「よい会社」ではありません。

すでに述べたようにGEの「勝ちの定義」は「グロースとリターン」であり、「雇用を守ること」は含まれていません。ということはつまり、GEでは最後の最後は雇用に手をつけると言うべきかもしれません。できるだけそうならないように、なおかつグロースとリターンを確保しようと必死になって踏ん張っていますが、どうしてもダメなときは、リストラも一つの選択肢となります。これがGEにおける戦略的一貫性です。

言うまでもなく、GEにとっても、雇用に手をつけ、社員をリストラするのはつらいことです。しかし、「グロースとリターンで勝つ」と決めている以上、それ以外の要素を固定するわけにはいきません。

ただし、会社の都合で雇用に手をつける際には、GEの人事部門は、やめていく人ができるだけ不幸にならないように最大限の配慮をします。法を守るのはもちろん、お金で解決できることは解決しますし、転職を希望する人には十分な支援をします。そこまでしたとしても、雇用に手をつけるというのは厳しい措置には変わりませんが、極力、人を不幸にしてしまわない努力をするのです。

GEはまた、「失敗する社員」が多い会社でもあります。それは、一人ひとりの社員にストレッチした高い目標を与えるためです。将来を嘱望されるようなハイパフォーマンスの社員には、さらに高い目標を課します。

そうすると、当然、失敗して落ち込んでしまう社員が出てきます。そういう人たちに対して、人事担当者はコーチングを行い、社員たちが失敗にめげずに、挑戦を続けられるように支援していきます。

もしGEの社内に、一回も失敗したことがない社員がいるとしたら、それは自分の実力を出し切っていない人です。失敗は挑戦することによって起きます。自分の限界にチャレンジするからこそ失敗するのですし、頑張って働いて、それでも失敗しそうになって、もがいたり苦しんだりするのは、その人が挑戦している証拠です。

ですから、私は、失敗した社員と話すときは、「君は健全だ。自分の実力以上の目標に向かってチャレンジしているのだから、失敗したってかまわないんだ。GEで成功した人たちは、みんな失敗を何回も重ねている」と言って励ましてきました。

失敗は、その原因を真摯に見つめることによって学びにもつながっていきます。GEの社員が高い目標を課されるのは、会社が社員に成長してもらいたいと思っているからであり、会社としてそうしたリスクをとっているのです。したがって、その過程で社員が失敗することはむしろ織り込み済みであり、失敗を恐れて安全サイドを立ち回るような社員をGEは評価しません。

人間は動物だ

もっとも、人間の実力は、ひたすら頑張れば出るものではありませんし、時間を犠牲にしてストレッチ目標を達成しようとするのは間違った行為です。

私たち人間は、誰もが一日二四時間しか与えられていません。そうすると、ついつい、家族との時間、物事を考える時間、経験から学ぶ時間を捨てて、目の前の仕事に没頭してしまう人が出てきます。

正直に言えば、若い頃の私も時間を犠牲にして働いていました。GEに入ってからも、最初はこの会社のことがよくわからなくて、毎晩遅くまで残って働いていました。人生にはそういう働き方が必要な時期もあります。しかし、そればかりやっていると、仕事だけの、しかも自分が経験したことを浅く理解しているにすぎない視野の狭い人間になってしまいますし、いつか燃え尽きてしまいます。

多くのビジネスパーソンを見てきた経験から言わせてもらえば、最高のパフォーマンスを出している人は、自分の時間と仕事をする時間のバランスをちゃんととっています。そうやって自分の暮らしや家族を大切にし、人生を豊かにする時間、経験をより幅広く生かすために考える時間をもつことで、仕事の生産性を上げています。

私はGEで、働きすぎの社員を見かけると、「働いてばかりいると、アホになるよ」と言って脅かしました。考えないでする仕事は作業であり、そういう働き方をしていても、学んでいることにはならないからです。社員たちがそのことに気づくのは、ある程度、年齢を重ねてからかもしれませんが、仕事と作業の違いだけは知っておいてほしいと思ってきました。

もう一つ、持論をつけ加えると、人間は機械ではなく、動物です。会社はさしずめ、集団で行う狩りの場です。

したがって、獲物を取るのが上手い人、つまり業績のいい社員に対しては、会社としてその実力を大いに認め、尊敬の念を払うべきです。しかし、ライオンだって四六時中、狩りばかりしているわけではないのですから、人間も休息はしっかりとり、家庭のある人は家族との時間を大切にしなくてはならない、と会社は社員に言い聞かせるべきでしょう。

世の中には「仕事が生きがいだ」と豪語する人もいますが、私はこれもちょっと違うと思います。狩りを生きがいにする動物はいません。人間にとっても生きがいは家族であって、仕事は獲物を取ってくるための手段にすぎないのです。

グローバル人材はどうして育つか

世間では、GEはグローバル企業だから、さぞかしグローバル人材が多くそろっているのだろうと思われているかもしれません。けれども、そんなことはありません。

日本GEには、自分を卑下し、自分の役割を限定的に見たり、自分の可能性を封じ込めたりしているような社員もいます。そういう人たちの口から、「本社からまた変な指示が来た」とか「本社は日本のことをわかっていない」とか、あるいは「日本は特殊なのに……」といったぼやきを聞くこともありました。

そういう意識を、私は「ジャパン・イズ・ユニーク・シンドローム（〝日本は特殊〟症候群）」と呼んでいます。

昨今、グローバル人材の育成は急務だと言われます。先ほども少し述べましたが、どうしたら社員がグローバルで通用する人材になるか、社員にグローバルな視点をもたせるにはどうしたらいいかといった議論は、企業人事の世界でさかんに交わされています。

しかし、私は、グローバル人材を育てるために、そうややこしいことをする必要はないのではないかと思っています。私が日本GEの社員に対して言ってきたのは、「GEはどういう会社なのかを徹底的に考えてほしい」ということです。

GEが会社として何をしようとしているのかが見えてくれば、日本GEの足りない部分が見えてきて、日本GEがもっとGEらしくなるために、何をどう変えていけばいいのかがわかります。各国のGEで、GEの経営のあるべき姿と自分たちの状態を見比べて、その間のギャップを埋めていく。グローバルマネジメントとはただそれだけのことですし、多くのグローバル企業でやっているのもそういうことです。

もっと言うと、GEには「本社」という考え方そのものがほとんどありません。経営のあるべき姿を描くのは、世界中にいるGEのトップリーダーたちであって、米国の「本社」にいる人たちだけではないのです。

真のグローバル企業とは、単に世界中でビジネスを展開しているだけでなく、戦略にのっとった「その会社らしさ」を確立しており、世界中で「その会社らしい人材」が働いている企業です。GEの場合は、世界中に「GEらしい人材」がいます。また、トヨタやコマツはきわめて日本的な企業ですが、世界中に「トヨタらしい人材」「コマツらしい人材」がおり、「トヨタらしさ」や「コマツらしさ」を追求しているという意味では、きわめてグローバルな企業です。

　現実問題として、グローバル企業に属してそれなりの活躍をしていながら、自国のビジネスを中心に物事を考えがちだったり、いつも自国からの視点で本社を眺めているような人はいます。ＧＥでビジネスリーダーを務めているぐらいの優秀な人たちの中にも、自国発想からなかなか抜け切れない人は見受けられました。そういう人はいくら仕事ができても、そこ止まりで、グローバル人材にはなっていきません。

　私はＧＥで社員に対して、「とにかく日本からの発想は捨てよう」「ジャパン・イズ・ユニーク・シンドロームから脱却しよう」と言い続けてきました。それが本当にできるようになれば、その人は、世界中のどこのＧＥに行っても通用します。中国でもインドでもヨーロッパでもラテンアメリカでも、その国のＧＥの足りない部分を見つけ、ＧＥとして本来あるべき姿との間のギャップを埋めるというアプローチがとれるようになります。極論すれば、海外勤務の経験など一度もなくても、日本でグローバル視点をしっかりと身につけた人は、グローバルで活躍できる可能性を手にしています。

　実際、私たちは、海外勤務経験のない日本人社員を何人もグローバルのマネジャーとして送り出してきました。「経験のない人間にそんな大事なポストは任せられない」と反対の声が上がっても、「経験は関係ありません。大事なことは、その人材がどれだけGEのことを理解しているかです」と言って押し切りました。そうやって送り出した人材は、ほぼ間違いなく活躍できています。だから、私は自信をもって、グローバル人材育成に経験主義は当てはまらないと主張しています。

組織開発ができなければ人事ではない

このようにGEでは人事担当者は、社員の評価にかかわりつつ、個々の社員に対してさまざまな働きかけを行い、そのやる気を引き出そうとしています。

それだけでなく、GEの人事には、組織を活性化し、組織のパフォーマンスを最大化するという役目もあります。

もっとも、個々の社員のやる気を引き出すためのコーチングも、組織を活性化するためのさまざまなアプローチも、人と組織を駆使して会社を勝ちに導くために行うことですから、目的は同じと言えます。GEでは、こうした人事部門の役割を併せて組織開発（オーガニゼーション・ディベロプメント、略称OD）と位置づけています。組織を活性化できない人事担当者は、GE社内で敬意を払ってもらえません。コーチングやファシリテーションなどの手法が使えない人事担当者は本物の人事とは見なされません。

組織開発を進めていくためには、何はともあれ、組織の状態を把握しなくてはなりません。私がふだんから社内をうろちょろしていたのは、そのためでもありました。いろいろな組織を見て回り、物が散らかっているとか、妙に部屋が静かだとか、メンバーが誰も笑っていないといった細々とした変化を読み取って、その組織の雰囲気を推し量ろうとしていたのです。

実際の組織開発のやり方はさまざまです。

たとえば、私たちはかつて「キャラバン」という活動に取り組んだことがありました。これは、日本GEで各ビジネス部門を率いるリーダーたちが、うちそろって北から南までを行《あん》脚《ぎゃ》する行事でした。リーダーたちは、各地の事業所などでGEの戦略を語り、現場の社員たちの声を吸い上げ、その場で解決できそうな問題をどんどん解決していきました。

また、GEグロースバリューについて、リーダーから社員までが集まってともに語り合う場や、社員がキャリアのつくり方について話し合うための場も設けたこともありました。

先述した通り、人事の主催で、ハイキング、スポーツ大会、皇居マラソン、銀座街歩きなど、さまざまなイベントも実行してきました。それは社員に気晴らしをしてもらうためでもありましたが、イベントへの参加を通して、社員同士でいろいろなことを語り合ってほしいからでもありました。ですから、こうした各種のイベントも組織開発の仕掛けと位置づけることができます。

二〇一二年には、『Our STORY』という本をつくりました。これは、日本GEの社員に私たちがインタビューをし、物語を集めた本です。「自分の仕事に誇りを感じるのは?」「働いていてGEらしさを感じるのは?」「お客様からの忘れられない一言は?」「GEのリーダーシップとは?」「自分の成長を感じるのは?」といった問いかけに対し、社員が思いを述べる内容に仕上がっています。完成後は全社員に配布し、顧客企業にも配っていく予定です。

この『Our STORY』は、社員に自信をもってもらうためにつくりました。自分たちは仕事を通じて何を成し遂げ、何に貢献しているのか、そういったことをみんなで考え、言葉にして語り合い、共感し合うことで、挑戦への一歩につなげてほしいと思ったのです。最後のページには空欄を設けて、「あなた自身のストーリーを書いて下さい」という一文を添えました。

英語が苦手な社員のトレーニングも、組織開発の一環としてやろうとしています。GEでは、英語ができない社員にはなかなかチャンスが回ってきません。けれども、英語ができなくても頑張って働いている社員はたくさんいます。そういう人に、私はGEという会社をもっとよく知ってもらいたいと思ってきました。

GEは、業績を上げた社員を評価する会社であり、社員の出身を問うことはしません。そして英語はあくまでもツールにすぎず、私がGE社内で使っていた英単語のほとんどは、中学校レベルのものでした。ですから、慣れさえすれば、仕事で英語を使うことぐらい誰でもできるはずなのです。トレーニングではそういうことを伝えて、社員にもっと自信をもって英語を話してもらい、力を発揮してもらいたいと願っています。

組織に介入して活性度を上げる

組織開発には、人事担当者が自ら現場に介入していって組織の問題点を掘り起こし、解決への道筋をつけることも含まれます。

以前、私が、GEマネー・アジアという会社の人事部門長をしていた頃のことです。東南アジアのX国でビジネスをしているチームの幹部たちと電話会議をしていて、ふと気になることがありました。ふつうのチームなら、ビジネスリーダーが話すだけでなく、他のマネジャーたちもそれぞれの担当業務について積極的に発言するのに、そのチームではリーダーだけがしゃべり、他のマネジャーたちは口をつぐんでいたのです。

当時、このX国のチームは業績が思わしくありませんでした。私は、彼らのパフォーマンスが悪くなっている原因は組織の状態にあるのではないかと思い、上司に「X国に行かせてほしい」と頼みました。確か電話会議から二、三日後には出立したと記憶しています。

X国に着いて私がやったことは、ファシリテーションの手法としてはそう特殊なものではありません。最初に会議室にリーダー以外のマネジャーや社員を集め、質問を次々にぶつけていってチームの問題点をあぶり出し、それからリーダーへの質問をつくってフリップチャートに書き出していきました。次にリーダーだけを呼んで質問を見せ、できるだけ多くの質問に答えてほしいとお願いして、三〇分の時間を与えました。時間が来たら、また全員を集めて、リーダーに質問への答えを話してもらいました。

リーダーは、挙がった質問に対して実にきれいに答えていきました。それをマネジャーや社員たちは黙って聞いていました。チーム全体の雰囲気は相変わらず沈んだままです。この時点で、私には、このチームではリーダーのコミュニケーションのとり方に問題があるということがわかりました。

私はリーダーの話を途中でさえぎって言いました。

「わかりました。リーダー、あなたは正しいことを言っています。部下のみなさんが出した質問に対して、正しく答えています。けれども、あなたには部下の話を聞く姿勢がなく、だからチームでのコミュニケーションが一方通行になっています。もっと、やわらかいコミュニケーションスタイルを心がけて、部下から意見が出てこないようであれば、リーダーのあなたの方から話を聞き出すようにしてください。それから、あなたの知っていることをもっと丁寧に部下に対して話してください」

そして、こう釘をさしました。

「今日、私はあなたのチームを見て、このチームではリーダーと部下の意思疎通ができていないと判断しました。私は一カ月後にもう一度ここに来ますから、それまでにリーダーのあなたが改善してください。そのときまだこんな『お葬式』のような会議をやっていたら、おそらくGEは許さないでしょう」

実際には、私がX国を再訪したのはそれから二カ月後でした。すると、チームの状態は大きく変わっていました。そのリーダーは自分のスタイルを完全に変え、部下たちとのコミュニケーションのあり方を改善していたのです。それにより、赤字だった業績も二桁の黒字に転じていました。外部環境はまったく変わっていないにもかかわらずです。

こうした現場での組織開発においては、私たち人事担当者はほとんど何もしていないようなものです。戦略を変えるようにアドバイスしたわけでも、人を入れ替えたわけでもありません。単に組織の風通しをよくし、上の考えていることを下に伝え、下の考えていることを上に伝えたにすぎません。あとは「また来ます」と言い残して、その場を去っただけです。

しかし、それだけでX国のチームのパフォーマンスは見違えるほど変わりました。人事がファシリテーションに入って、その組織のツボをちょっと押すだけで、組織が活性化され、人々がやる気を出し、業績がよくなったのです。

こうした効果も、スポーツを例にとって説明する方がわかりやすいかもしれません。バレーボールの試合では、ゲームの途中に監督がよくタイムアウトをとります。そうすると、選手たちが集まってきて円陣を組み、監督もその中に入っていきます。

このタイムアウトの間、監督は細かい戦術や技術の話はあまりしていません。テレビ中継を見ているとわかりますが、「相手チームの攻撃パターンに注意しろ」といったことは多少言うにせよ、だいたいは「さあ、元気を出していこう」とか、「大丈夫、自分たちの力を信じろ」などと言って選手にはっぱをかけています。そうすることによって、監督は試合の流れを変えようとしているのです。

現場でのファシリテーションで私たち人事がやっているのも、同じようなことです。組織が抱えている問題について、その場で感じたことをパッと言い、悪い流れをよい流れに変えようとしているのです。私たちにできるのはそれぐらいのことですが、ファシリテーションがうまく効けば、スポーツで選手たちが自ら試合の流れを変えるように、組織はメンバーの力で自分たちのパフォーマンスを向上させることができます。そういう瞬間を目《ま》の当たりにしたとき、私は「人事の力」を感じます。

GEの「大人の美学」――金井

利益のともなう成長を目指す

本章では、八木さんのGE観が語られた。もちろん、ここでの記述によって、GEという会社のすべてが理解できるわけではない。GEを巨大な山にたとえるなら、その山容をうかがい知るための登山ルートの一つが示されたと考えるべきだろう。

私としては、「ゼネラル・エレクトリック」という社名にまず着目したい。周知の通り、GEは「メンロパークの魔術師」と呼ばれた発明王トーマス・エジソンが設立した会社であり、エジソンは、自分が発明した電球の技術を用いて、ガス灯が主流だった街灯をすべて電灯に替えたいと思ってGEをつくった。そのためには、発電・送電その他の電気事業を「総合的」に起こす必要があり、だからこそ、会社は「ゼネラル・エレクトリック」と名づけられたのではないだろうか。

一時期、「ゼネラル」という言葉が社名に含まれている会社は、所詮「何でも屋さん」にすぎないという批判がなされたことがあった。だが、GEだけは違っている。設立時から本当の意味で「ゼネラル」な会社であり、そうでなくてはならないという必然性から誕生した会社だ。

八木さんは、GEは「勝ちの定義」がはっきりしている会社であり、その定義とは「グロース（成長）とリターン（利益）」であると説明してくれた。これについて、八木さんは「なんだか身も蓋もない感じ」もすると語られた。

しかし、利益をともなう成長は会社に欠かせないものだ。パナソニックを創業した故松下幸之助氏も、理念経営の確立に努める一方で、利益をとても重視した。利益を出せるのは社会に貢献している証拠という考えからだ。

日本企業の過去を見渡せば、「利益をともなわない成長」を目指してきた企業がいかに多かったことか。ムリの目立つガン細胞のような成長は、会社を大きくしながら会社を弱める。競合がある事業分野に乗り出せば、遅れじとばかりに追随するような無定見な姿勢で会社の将来を危うくするよりは、無味乾燥ではあってもわかりやすい「勝ちの定義」を明確にしておく方がいい（もちろん、味わいがあって元気の出る「勝ちの定義」ならいっそういい）。少なくとも、情熱あふれる人事トップがそのように戦略を語れる会社は、よい土俵に立っていると思った。

八木さんが挙げたGEの戦略の六番目に、「顧客と社会のために問題解決をしていくこと」がさりげなく入っていることにも注目してほしい。これはシンプルな言葉ではあるが、かなり崇高なミッションと言える。あるいは、環境と経済の両立、医療ヘルスケア分野への注力といったイニシャティブを見ても、GEが単に数字だけで勝利を追い求めるような会社ではないことがわかる。

みんなで気をつける

前章の解説でも述べたように、八木さんはしばしば、聞いている人をハッとさせようとして言語能力を駆使する。「建前の会社」や「本音を封印する会社」といった一見ネガティブな言葉でGEの強さを表現するのも、聞き手に言葉の意味を深く考えてもらい、何かに気づいてもらいたいという意図があるからではないだろうか。八木さん流の巧妙なレトリックと言ってもいい。

私が思うに、八木さんの言う「建前で通す」とは、大義に向かって、屁理屈をこねずに「良質な、やせ我慢」をするといった意味合いであり、そこには「大人の美学」が見てとれる。本音を吐くのは野暮であり、そこは、しばし黙って、コツコツとやり抜く。だから「コミット・アンド・デリバー（やると言ったらやる）」なのだ。

そうした社風は体育会系の世界にやや近いのかもしれない。体育会の運動部では、強くならなくてはいけない理由を議論したりなどしない。「勝つために」という大義は、わざわざ口に出して言わなくても、みんながみんなわかっていることだし、「試合で活躍して異性にモテたい」と思っている選手がいたとしても、そのような本音は封印せざるをえない。

「建前の会社」であるＧＥに特有の仕掛けとして、八木さんはレビューミーティングを挙げた。そこでは、「組織の実力に見合ったギリギリ高めの目標を掲げる」という説明があった。

長らくメリーランド大学の教授を務めたエドウィン・ロックによると、目標設定のモティベーション効果は、目標の困難度、目標の具体性、それに目標へのコミットメントの度合い（目標の受容度）によって決まる。レビューミーティングは、目標を明確にし、その困難性も踏まえたうえでコミットし、結果をデリバーするための場だから、まさに理にかなっている。

ちなみに、目標の困難度についてつけ加えると、目標は、報酬と結びついている場合は、成功確率七〜八割の困難度のとき、報酬と結びつかず、内発的動機に影響を与えようとする場合は、成功確率五割ぐらいの困難度のときに、本人のモティベーションを最も高める（ゲイリー・レイサム『ワーク・モティベーション』金井壽宏監訳、依田卓巳訳、NTT出版、二〇〇九年）。

レビューミーティングに関する下りでは、八木さんはお団子屋さんを例にとり、商品が売れなければ人事にも責任があるとも述べた。

ここから想起されるのは、ハーバード大学のエレン・ランガーが注目している「マインドフルネス（mindfulness）」という心理学用語だ。「マインド」とは「よく気をつける」ということであり、八木さんが話したお団子屋さんのように、みんなで団子の売り上げが落ちている理由をあれこれと考える組織は、「集団でよく気をつけるための議論」ができている。GEにおけるレビューミーティングもそのための仕掛けであり、つまりGEは建前を貫き通す会社であるとともに、みんなで気をつけるのがうまい会社だと言える。

組織開発ができる人事

ナインブロックやセッションCについては、意外とややこしくないという感想を抱いた。世間では、GEではどんなマジックを使って社員を評価しているのかと思われていそうだが、八木さんの話を聞く限り、大げさなところや複雑なところはまったくない。基本はシンプルだ。

むしろ、GEでは、ラインマネジャーと人事がふだんからナインブロックをもとに、ああでもない、こうでもないと議論し合うことを大事にしているのではないかと思う。

八木さんは、ナインブロックについて「日常的に社員の評価ができ、社員の育成に役立てられる」と語っているが、年に一回のフォーマルな業績評価より、日々その場その場でフィードバックを与える評価の仕方の方が社員の成長につながることは、大昔の米国での研究によっても報告されている。リーダー育成に定評のあるリーダーの多くも、部下へのオンゴーイングのコーチングを心がけている（たとえば、日本イーライリリー前社長のニュートン・クレンショーさんがそうだった）。気づいたことは、そのとき、その場で口に出して言う。

八木さんもまた、コーチとしての自分の役割を重視しておられる。失敗する社員、働きすぎの社員、〝日本は特殊〟症候群の社員に投げかける言葉からは、優しさも感じられる。

近年、日本の企業でも、社内にコーチングができる人を増やしていこうとする動きが見え始めている。ラインマネジャーの中にもコーチングができる人が増えれば、組織変革につながるという見方も出てきている。ただ、組織開発の取り組みとなると、この国はまだまだ発展途上といったところだろう。インストラクターも少ないし、実務家向けのプログラムを提供している研究機関は、津村俊充先生をリーダーとする南山大学人間関係研究センターほか、数えるぐらいしかない。同センターの中村和彦先生は、日本では数少ない組織開発の実践家・教育者・研究家でもある。

組織開発は、英語では「オーガニゼーション・ディベロプメント」と言う。用語として「組織育成」とは言いにくいから、日本語では組織開発と訳されているわけだが、取り組みとして目指しているのは、組織の育成であり、組織を育て、発展させることだ。

組織開発について八木さんは、「組織を活性化し、そのパフォーマンスを最大化する」という言い方をし、「組織開発ができない人事担当者は、GE社内で敬意を払ってもらえない」と実情を明かしてくれた。

その言葉の通り、GE出身者には組織開発の上手な人が多い。『ザ・ファシリテーター』(ダイヤモンド社、二〇〇四年)の著者である森時彦さん(チェンジ・マネジメント・コンサルティング社長）もGE出身だし、以前、私が日本経営協会関西本部の人材マネジメント研究会に、GEリアル・エステートの平田和子人事マネージングディレクター（アジア太平洋担当）をお招きしたときも、平田さんにすばらしいファシリテーションを見せていただいた。

振り返れば、一九九〇年代、リエンジニアリングやリストラクチャリングといった組織の荒療治が流行した時期、古典的組織開発は鳴りをひそめ、駆逐された感すらあった。組織開発はもともと人間主義的価値をうたってきたため、時代が厳しくなると、この技法は消え去るのではないかと危惧する声が、組織開発の先駆者たちの間からも上がった。

しかし、現在、組織開発は再び脚光を浴びつつある。単なる人間主義では通用しない世の中になったという認識をもちつつ、組織の中の人間の行動を、人の集まる場の設《しつら》えを変えることによって変えていこうとする試みが模索されるようになった。

それは、変化や多様性に満ちた世界へのより優れた対応方法が求められているからであり、意味のある未来を人々がともに構想し、その実現のための責任やコミットメントをシェアすることが求められているからでもある。

第三章　改革の旗を振る

「いい子ちゃん人事」

この章では、私が戦略人事に目覚め、それを実践していくようになった経緯について述べたいと思います。

私が大学を卒業し、ＮＫＫに就職した頃、日本の鉄鋼業界は下降気味でした。教授も友人たちも一様に「なぜわざわざ鉄鋼へ？」と不思議がっていました。けれども、私に迷いはありませんでした。

鉄鋼業はたとえて言うと、「一〇〇メートルのタワーのてっぺんから石ころを入れると、下から真っ赤に溶けた鉄が出てくる」という産業です。その鉄の塊は鉄板になり、コイルになり、そのほかさまざまな製品になっていきます。

私はそういうマニュファクチュアリングの世界に魅力を感じていました。特に入社したての頃は、ひたすら会社が大好きで、なんとかしてこの会社の役に立ちたいと躍起になっていたものです。

元来、私は「いい子ちゃん」であり、何事も周囲に合わせたがる「八方美人」でもあります。だから、原価管理から人事部門に異動しても、初めこそ抵抗や違和感をおぼえたものの、次第に当時の人事のあり方に染まっていきました。

仕事に慣れてくると、職場ではそれなりに重宝され、若手のわりにはいろいろな経験もさせてもらえました。しかし、人事のあり方について深く考えることはなく、単に仕事をこなすだけの日々が過ぎていきました。言われたことを言われた通りに、あるいは言われた以上にきちっと仕上げるのがよいことだと私は思い込んでいました。

そんなある年、ＮＫＫで「風通しの会」という活動が行われることになりました。これは、社長が現場に出向いて社員たちと対話をし、会社をよくしようという試みでした。

当時、私はある製鉄所の人事を担当していました。やがて、その製鉄所にも社長がやってくることが決まったとき、上司から「八木君、頼むよ」と肩を叩かれました。「質問をいくつか考えておいてくれ」というのです。

「風通しの会」では、社長と、製鉄所から選ばれた社員数百人が一堂に会して対話をする予定でした。製鉄所の幹部にしてみれば、かなりのプレッシャーです。社員からよい質問が出なかったらどうしよう、社長に的外れな質問をする社員がいたらどうしよう、といった不安が幹部たちの頭を覆っていました。

そこで、あらかじめ人事で「やらせ質問」を考えておき、当日はサクラの社員に手を挙げさせることになったわけです。

私は二つ返事で引き受けました。せっかくの貴重な機会なのだから、会社のため、製鉄所のためになるような質問を用意しなくてはならないと思い、せっせとシナリオを書きました。社長は現場の実態を知りたがっているのであり、たとえ気の利いた質問が出なかったとしても、ありのままを見てもらうべきだ、などとは考えもしませんでした。

本番の日、質問に立ったのは、私がつくった「やらせ質問」を事前に割り振っておいたサクラの社員たちばかりでした。それでも、現場から会社に対して聞くべきことは聞けたし、それに対して社長もしっかり答えてくれたのだから、会は成功だったと私は満足感でいっぱいでした。「いい仕事をした」とひとりで悦に入っていました。

自分が実は会を台無しにしてしまったのだと気づいたのは、ずっと後になってからのことです。

部長みたいになりたくありません

私にとっての最初の転機は、人事に移って三、四年目、本社人事を担当していた頃にやってきました。各企業の人事担当者が集まる会合が日本能率協会主催で開かれ、都合がつかなかった上司に代わって、私がＮＫＫを代表して出席することになったのです。

何の気なしに出かけていった私は、そこでの議論を聞いていて、自分の力不足をまざまざと思い知らされました。なにしろ、話されている内容がさっぱりわからないのです。まして発言することなどまったくできませんでした。

このとき、私は初めて自分はダメだと痛感しました。今までのように、言われたことをこなしているだけで経験を積んだつもりになっていたのではまずい、とにかく知識を身につけなければいけない。そう考え直して、自分なりに人事の勉強を始めました。

そうすると、それまでは当たり前だと思っていた人事施策に関しても、いろいろと疑問がわいてきました。定期異動にしろ、人事考課にしろ、あるいはそうした制度の大本である年功序列にしろ、過去からのやり方を踏襲《とうしゅう》しているだけであり、そこには戦略性がまったく欠如しているということに、遅ればせながら気づいたのです。

たとえば、その頃のＮＫＫでの定期異動は、異動時期にあたる社員が年次ごとにピックアップされ、人事担当者は自分が記憶している範囲の社員情報をもとに、この社員はこっち、あの社員はあっちと、まさに人を将棋の駒のように扱って振り分けている感じでした。

社員の誰かを異動させると、空きポジションができます。そこに人を入れ、また空いたポジションができると、またそこに人を入れていくというような「玉突き人事」が一般的でしいました。そうやって異動を決めていくことを、担当者の間では「アイデアを出す」と言っていました。

　これはいくらなんでもおかしいと私は思い、とりあえず一万人くらいの社員のプロファイルをデータベース化してみました。異動にあたっては、何より社員のやる気が大事だとも考え、社員本人が希望する配置先の情報も入れました。

　そのうえで、会社の実情に鑑《かんが》みて、どこの部署がどういう人材を必要としているかを考えて、データベースから候補者を絞り、「この中から適任者を選びましょう」というふうに提案してみました。人事担当者が知っている社員たちの中から異動候補者を選ぶというアプローチではなく、大きな人材プールの中から、各部署と社員の希望に基づいて配置を決めるというアプローチに変えてみようと思ったのです。

　おそらく、この頃から、私はＮＫＫの人事の中で異端児扱いされていったように思います。といっても、私自身は、人事はこうあるべきだという確固たる考えをもつまでには至っていませんでした。ときおり思いつくまま、「もう年功序列は時代に合わなくなっているんじゃないですか」などと意見を口にしてみても、周囲から反論されれば、黙るしかありませんでした。

しかし、人事の役割を経営の中にもっと戦略的に位置づけたいという思いは膨《ふく》らんでいく一方でしたので、私は海外留学の希望を出しました。上司である部長は「君はせっかく人事にいるのに、海外要員になるつもりか」と却下しましたが、私が「僕は部長みたいになりたくないんです」と食い下がると、「だったら必ず人事に戻ってこい」と条件つきで留学の許可を出してくれました。そういうあたり、ＮＫＫは懐《ふところ》の深い会社だったと思います。当時の部長には今でも感謝しています。

留学先はマサチューセッツ工科大学（ＭＩＴ）のスローン経営大学院でした。英語は下手くそでしたから、社内外の知人たちからの推薦状だけが頼りでした。そのおかげでなんとか選考に通り、一九九〇年六月、私は米国ボストンに旅立ちました。

転職三五歳限界説の根拠

ＭＩＴへの留学経験を通じて、私は、学びは教えてもらって得るものではなく、問題意識をもって取りにいくものだということを知りました。ですから、授業で教授たちが話したことから学ぶというよりは、それを材料に自分で学んでいく姿勢を大事にしていました。そして、自分の人生を振り返り、なぜ鉄鋼会社に入ったのか、鉄鋼会社が世の中に対してもたらす価値は何なのか、企業活動における人事の役割は何なのか、といったことを突き詰めて考えていきました。

それから戦略論のケースをたくさん読み込みました。とはいえ、私の関心はもっぱら人事にありましたから、どんなケースに当たるときも、人と組織のことばかりに思いを巡らしていました。人事における戦略的一貫性という問題を本腰を入れて探求し始めたのも、この時期からです。

修士論文では、日本企業の人事が抱えている問題点を取り上げました。その中で私は「三五歳転職限界説」にふれました。

私が留学していた九〇年代初頭というと、日本はまだバブル真っ盛りで、転職市場はにぎわっていました。その頃、巷《ちまた》に広まっていたのが、「転職は三五歳までが限界」という説です。

この話を最初に耳にしたとき、私には根拠がよくわかりませんでした。人は三五歳ぐらいを境に能力が衰えていくのだろうか、それとも、一つの会社に三五歳ぐらいまで勤めていると、その会社の社風や習慣がしみついてしまい、転職しても新たな環境にうまく適応できなくなるのだろうか、などとあれこれ理由を考えてみたのですが、どうも腑に落ちませんでした。

ところが、ボストンで論文を書くために日本企業の人事制度についていろいろと考えているうちに、はたと気づきました。もし本当に転職は三五歳までが限界なのだとしたら、それは日本企業の管理職選抜システムのせいではないかと思ったのです。

当時、日本の大手企業では、大卒の社員は、入社九年目と一四年目の二回に分けてふるいにかけられるのが一般的でした。まず九年目に、評価の高い七〜九割の人たちが係長になり、一四年目になると、その中から課長に昇進していく人とそうでない人が分かれていきました。課長になれる人の割合は、会社によって違いはあるにせよ、だいたい同期の中の三割ぐらいだったでしょう。

そして、ここがサラリーマンにとっての分かれ道でした。というのも、この制度のもとでは、一四年目で課長のポストをつかんだ人たちは、あとは比較的ゆるやかな選抜によって、次長、部長、取締役と昇進する人と、そうでない人に分かれていっていましたが、課長になれなかった人たちにはその目がなかったからです。

そうすると、入社一四年目、つまり三六歳で課長に昇進した人はホッと一息つきます。そして、そういう人たちは将来の安泰を何よりも優先するようになりがちですから、もし転職市場に出ていくことがあったとしても、積極性に乏しい人材だと見られてハネられてしまいます。

一方、三六歳で課長になれなかった人の中からは、その会社で働く気がすっかり失せてしまう人たちが出てきます。しかし、そういう人は転職市場に出ていっても、労働意欲が低いと見られてしまい、なかなか採用されないのです。

かくして世間では「転職は三五歳までが限界」と語られるようになった、というのが私の仮説です。

以上は転職の話ですが、この仮説からは、日本企業が続けてきた管理職選抜システムの欠陥が浮かび上がってきます。

日本企業には今もなお、程度の差こそあれ、年功序列的な人事が残っており、多くの企業では、三五歳前後になった社員を課長に昇進させるかどうかでふるいにかけています。そのせいで、積極的に乏しいミドルや、働く意欲に乏しいミドルがどんどん生み出されているのだとすると、それはやはり由々しきことだと思います。

賛成する人を増やすより、反対する人を減らせ

話を戻しましょう。ＭＩＴでは、金井先生の師でもあるエドガー・Ｈ・シャイン先生の教えを受ける機会もありました。

先生からはいろいろ教わりましたが、中でも心に残っているのは、「チェンジを起こしたかったら、賛成してくれる人を増やすより、反対する人を減らせ」という言葉です。変革を急激に推し進めようとすると、賛成する人も出てくるけれども、多くの反対者も生み出してしまう。だから、変革はじわじわと、反対者が多く出ないように気をつけながら進めるべきだと先生はおっしゃいました。

なるほどと思った私は、その教えを実践すべく、プロジェクトをクラス内で提案しました。その名を「スラッシュ・トラッシュ・プロジェクト」と言います。

スローンスクールのロビーや教室はひどくちらかっており（米国の大学はたいていそうなのですが）、誰も片づけようとしないことが、私はずっと気になっていました。そこで、一〇人ぐらいのクラスメイトたちと、ゴミ一掃のプロジェクトを立ち上げてみたのです。

私たちは、ロビーのテーブルの上にほったらかしにされている読みかけの新聞のような目につきやすい物を片づけていくことから始めました。人々に対して頭ごなしに美化を呼びかけるより、自分たちで少しずつきれいにしていく方がうまくいくだろうと思ったからです。そうすると予想通り、反対する人は出てきませんでしたし、少しずつゴミが減っていくにしたがって、ロビーや教室を汚しづらい雰囲気が出てきて、やがてスローンスクールは見違えるほどきれいになりました。

プロジェクトの成功をシャイン先生もとても喜んでくれました。

しかし、帰国後の私は、「賛成者を増やすより、反対者を減らせ」という先生の教え通りに、NKK社内で改革の旗を振れたのでしょうか。あるいはそうではなかったかもしれないと反省することもあります。

リストラ担当で見た「人材育成の失敗」

約二年間の留学を終えた後、私はNKK本社の人事部門に再び戻り、社員の異動や昇格を担当する、人事の中では「花形」と呼ばれるポジションに復帰しました。けれども、しばらくして担当替えを希望しました。

バブル崩壊後の九〇年代前半、鉄鋼業界はどこも苦しい状況に追い込まれていました。NKKも例外ではなく、赤字が続いており、合理化、平たく言えばリストラの必要性に迫られていました。留学中に戦略を勉強してきた私も、NKKの最重要課題はリストラの早期達成だと考えていました。そこで出向業務を担当したいと願い出て、自らリストラの推進役となったのです。

もともとNKKの人事部門では、出向業務を担当するのはベテランの専門家と決まっていました。しかし、私はあえて志願してやらせてもらいました。会社がリストラに踏み切るのであれば、その責任の一端は人事部門にあります。だったら、自分もこの仕事にかかわらなければ、人事の仕事をしていることにはならないと思ったのです。

このとき、出向の対象となった管理職の数は、NKK全体で約二〇〇〇人だったと記憶しています。いずれも、五〇代半ばから後半にかけての課長や次長のポストに就いている人たちが主な対象者でした。

出向には、NKKの関連会社に行ってもらうパターンと、そうでない会社に行ってもらうパターンがあり、大半は前者でしたが、私はあえて後者を担当しました。受け入れ先企業は財団法人産業雇用安定センターなどを通じて探し、出向対象者のリストと照らし合わせながら、マッチングを進めました。

当然ながら、この仕事は難航しました。無理もないことですが、出向リストに挙がった人たちの反発や抵抗はすさまじいものでした。彼らを受け入れる企業は中小企業が多く、出向後の収入は、よくてＮＫＫ時代の七掛け、悪ければ半分ぐらいに減る見込みでした。

ＮＫＫでは出向対象者に一時金を出し、私たちも面談時に「新たな職場で実力を発揮してください」などと説得していったのですが、出向対象者の中には、「なぜ、長年、会社に尽くしてきたのに、こんな仕打ちを受けなくてはならないのか」と怒りをあらわにする人もいました。私に向かって、「お前みたいな若造に、俺の気持ちがわかるか」と声を荒らげる人もいました。

出向対象者になんとか納得してもらっても、受け入れ先企業の面接で通らないこともありました。また、面接で合格して出向していった人が、結局、受け入れ先企業になじめず、ＮＫＫに戻されてしまうケースもありました。

このような現実を目の当たりにして、私は、人事はこれまで一体何をしてきたのかという思いにとらわれました。

出向を命じられた先輩たちがＮＫＫに愛着をもっていたのは間違いありません。本人たちはＮＫＫに人生を捧げたつもりだったのでしょうし、悪い言い方をすれば、ＮＫＫにしがみつこうとしていました。それなのに、本意でない出向を命じられ、ＮＫＫとは縁もゆかりもない会社に行かされるのですから、その不満と苦痛は察するに余りあります。

けれども、出向するしかないと一度は覚悟を決めた人が、面接で落ちたり、出向後に戻されたりするのは、もはや人材として通用しなくなっていることを意味していました。

一流と言われる大学を出て、厳しい試験を通ってＮＫＫという大企業に入り、三〇年間勤め上げた人たちが、なぜ社外でまったく通用しない人材と化してしまうのか。企業は人材を育てると言いながら、ぜんぜん育てていないのではないか。リストラの最前線に立ったことで、私は、企業人材育成の完全なる失敗を見たような気がしました。

年功序列反対の声を上げる

この時期のＮＫＫは、人事施策を抜本的に見直して、より戦略的なものに変えていかなくてはいけない状況に置かれていました。私は、それまでのように受け身で仕事をするのではなく、会社のあり方を考え、自分の考えを口に出していかなくてはならないと思い始めました。

そんなあるとき、私は上司に「係長研修で新たな人事制度についての説明をしてくるように」と命じられました。新制度では、「年功序列廃止」を掲げ、抜擢や敗者復活といった仕組みを採り入れることをうたっていました。私はチャンスだと思って、その役目を引き受けました。

研修で教壇に立った私は、さっそく制度改正の内容を記した小冊子を広げて、「みなさん、どう思いますか」と受講者たちに尋ねました。

「このページには『年功序列を廃止する』と書いてあります。そこで、私の質問に答えてください。この中に、大卒者で入社九年目の人はいますか」

教室にいる受講者のほとんどが手を挙げました。

「では、八年目の人はいますか」

誰も手を挙げません。

「なるほど。入社八年目ではなく、入社九年目の人が係長になる。これは年功序列以外の何ものでもありません。にもかかわらず、この冊子には『年功序列を廃止する』と書いてあります。これは言葉の遊びであって、実態は何ひとつ変わっていません」

受講者たちは呆気《あっけ》にとられている様子でした。当たり前です。研修に出てきた人事の人間が、新たな人事制度について説明するのかと思いきや、いきなり制度批判を始めたのですから。

私は受講者に向かって呼びかけました。「私は人事の中で年功序列に反対している者です。みなさん、どうか協力してください」。

研修では同じことを二回やりました。が、三回目のチャンスはやってきませんでした。

自分の弱さを知った旅

この章の冒頭で、私は、自分の性格は「いい子ちゃん」で「八方美人」だと言いました。もともと私は、人に迷惑をかけたくない、人に気に入られたいという願望の強い人間で、周囲とのあつれきをひどく怖がるところがあります。そういう性格の根本は、私という人間の弱さにあります。私は逃げるタイプの人間なのです。

そのことを否応なしに自覚したのは青年期でした。

私は一九五五年に京都府の丹波地方で生まれ、小学六年生のときに、家族とともに京都市内に出てきました。物心がつく前から、親からは「東大か京大に行け」と耳にタコができるほど言われて育ちました。家では親の教えを守り、学校では成績がよく、先生の言うこともよく聞く典型的な「いい子ちゃん」で、毎年、学級委員長に選ばれるような子どもでした。

親の期待がプレッシャーだと自分で意識したことはなかったように思います。しかし、高校二年生のとき、英語の先生から「八木君、君やったら、京大の農学部なら現役で受かるかもしれんで」と言われたとき、「先生に自分の人生を決められたくない。自分のやりたいことがわからないから、大学受験はしない」と周囲に宣言してしまいました。

思えば、それは大学入試という〝おばけ〟から逃げるための口実でした。自分ではそうだと気づいていませんでしたが、そのくらい自分自身をごまかし、ものの見事に逃げたのです。

そのくせ、自分からは弱みを見せたくなかったので、高校を出たら世界放浪の旅に出るのだと息巻いていました。そしてアルバイトでお金をため、高校を卒業すると、家族の猛反対を押し切って、横浜港からナホトカ行きの客船「バイカル号」に乗り込みました。

旅の計画は、シベリア鉄道で旧ソ連をへてヨーロッパに渡るというものでした。ゴールは決めず、できればアフリカまで足を延ばしたいとも考えていました。わざわざ陸路を選んだのは、飛行機が怖かったからでもありましたし、ひとりで大地を踏みしめるように移動していくことで地球の広大さを体感したかったからでもありました。弱さを抱えたまま出発した私でしたが、自分をもっと強くしたいという気持ちもいくらかはあったのです。

ナホトカまでの船は激しく揺れました。ひどい船酔いに苦しんだ私は、ほうほうの体《てい》でシベリア鉄道に乗り換え、モスクワ、さらにフィンランドのヘルシンキまで、延々一二日間、列車に揺られました。

ヘルシンキからはヒッチハイクでノルウェーのオスロまで行きました。ノルウェーでは、学生旅行者はビザなしで仕事をしてよいことになっており、私は二カ月間滞在して働く予定を立てていたのです。

オスロの近郊のそのまた外れにスコッツェルブという農村があります。私はその村で農家に住み込んで、作業の手伝いをしました。主な仕事は、羊小屋にたまった糞を肥料にするためにかき出すことでした。来る日も来る日も、私はスコップを手に羊の糞を掘り返していました。

そんな日々が続いたある土曜日のことです。住み込み先から休みがもらえたので、私は暇つぶしに村のよろず屋に出かけました。休日のため、店は閉まっていました。ただ、どんな物が売られているのだろうと気になったので、窓越しに店の中をのぞいてみました。

すると、目に、突然、日本語が飛び込んできました。「日本航空ボーイング７２７」と書かれたタミヤのプラモデルの箱が陳列してあったのです。箱にあしらわれたタミヤの社名ロゴに私の目は釘づけになりました。

ヘルシンキに着いたとき、私は街中をマツダの自動車が走り回っているのを見かけました。

そのときは、「ああ、日本は加工貿易の国だからなあ」と社会科で習った知識を反芻しただけでした。

ところが、このときは違いました。ノルウェーの片田舎の、しかも村に一軒しかないよろず屋で日本製のプラモデルが売られている。その事実に驚愕しました。こんなへんぴな村までプラモデルを売りに来た日本人がいたのだろうか。いたのだとしたら、どういう人なのだろう。もしかして、戦後日本の復興と経済成長を支えてきたのは、そういう人たちではないのか。そんな空想が一気に頭の中で膨らみました。

と同時に、自分は一体何をやっているんだろうという強烈な後悔に襲われました。親の期待に押しつぶされそうになり、受験で失敗するのが怖くて逃げた。そういう自分の弱さを、このときはっきりと自覚したのです。

高校で「俺は受験しないで旅に出る」と自慢げに語って格好をつけていたとき、ある先生（こちらは化学の先生でした）は私に言いました。

「お前は一匹狼のつもりでいるかもしれないけど違う。お前は羊や」

以来、その言葉はずっと私の中で引っかかっていましたが、ようやく意味がわかったような気がしました。そうだった、先生の言う通り、自分は弱い羊だったと、私は初めて気づき知は、現場にある。

光文社新書

ました。

結局、私は約八カ月をかけてヨーロッパ各地を巡りました。せっかくここまで来たのだからと、一応、旅は続けたわけですが、ノルウェーでタミヤの模型を見たときから、日本に帰ったら大学受験をやり直そうと心に決めていました。旅の終わりには、ウィーンから再びモスクワまで行き、性懲りもなくまた全線シベリア鉄道に乗って帰ってきました。相変わらず「飛行機を怖がる「弱虫君」だったのですが、冬のシベリアを体験し、世界の広さや違いを実感できたとても意味のある旅でした。

受験勉強を始めたのは翌年になってからでした。ところが、ふとしたコトが原因で両肺に穴が開く病気を患ってしまいました。ごまかしながら勉強を続けていたのですが、一二月に呼吸するのも苦しくなって緊急入院、正月明けに手術を受けなくてはならなくなりました。これで受験に失敗したら、もう就職は無理かもしれないと私は覚悟しました。一度逃げると、こんなことになる。人間はやはり逃げてはダメなのだと、つくづく思いました。

幸い、手術は無事に終わり、なんとか受験にも受かって、私は同級生から二年遅れでようやく大学に入りました。それから四年間、頭の中から「タミヤの模型」が消えることはありませんでした。そして、卒業したらビジネスの世界で精一杯生きてみようと思い続けました。

社長批判、そして

以来、私は、事あるごとに「逃げるな」と自分に言い聞かせてきました。もっとも、NKKに入り、人事部門に長くいる間に、従来型の人事のあり方にかなり染まっていったわけですから、あまりえらそうなことは言えませんが、米国留学から帰ってきた後ぐらいからは、自分の中に「逃げてはいけない」という軸を一本立てました。

NKK社内で人事制度への疑問の声を上げたのも、「ここで逃げてはいけない」と強く思ったからでした。私を突き動かしていたのは、「お前が好きで入った会社じゃないか。逃げないで自分で変えてみろ」という内なる声だったように思います。

その当時、私には社内に数十人の仲間がいました。みんな、NKKをよくしたいという熱い思いに満ちあふれており、定期的に勉強会を開くなどして活動していました。勉強会の成果は、自費出版の社内雑誌にまとめて、役員や社員に配って読んでもらっていました。役員の中にはカンパをしてくれる人もいました。

一九九五年の年明け、その社内雑誌に私は、社長の年頭挨拶文を批判する文章を実名で寄稿しました。秘書室あたりが中心となって作成したと思われる社長年頭挨拶文を読んだところ、あまりにも中途半端で期待外れな内容だったためです。

その文章の中で、私は、年頭挨拶文からうかがえる社長の現状認識や姿勢を問い、海外投資や各事業に散見される問題点を列挙しました。また、人事制度見直しの手ぬるさを指摘し、社長のリーダーシップについても批判を加えました。

もっとも、私には社長個人を批判する意図はなく、文章には「真実を語ってほしい」という願いを強く込めたつもりでした。ただ、年頭挨拶文を読んで、少々頭にきた状態で一気に書き上げたため、多少かみつくような語調になってしまったことは否めません。社内には「八木はキレた」と思った人も多かったようです。

事実、この文章が社内雑誌に載って出ると、社内はハチの巣をつついたような騒ぎになりました。ある先輩からは「お前は何もわかっていない。会社は大変な状況なのだから、真実を語ったりすると、現場の士気が低下する」とたしなめられました。

私は「会社が大変なことは現場の人間はみんなわかっています。それを大変ではないと言ってごまかすから、現場に不信感が渦巻き、社員の士気が低下するのです」と反論しました。

この騒動の後、私は本社を離れ、製鉄所に異動しました。左遷と見た人も多かったかもしれませんが、先輩たちからの「頭を冷やせ」というメッセージだったようにも思います。もっとも、社長批判を公然と繰り広げた結果ですから、自爆と言うべきかもしれません。

しかし、私自身は案外さばさばした気分でしたし、現場の仕事に挑戦できるいいチャンスだと思っていました。

製鉄所で担当することになったのは、現場の社員四〇人と一緒に、毎月、最適な圧延スケジュールを組む仕事でした。スケジューリングというと聞こえはいいのですが、実態は半製品のハンドリングをメインとしていました。

当時、日本の鉄鋼業界は国際競争にさらされ、危機的状況にありました。製鉄所は大量の在庫を抱えており、それが問題になっていましたし、現場の士気も低下していました。

異動後、私はすぐに現場に行くと、社員たちに向かってはっきり告げました。

「このままだと、この職場はなくなります。人件費が世界一高い国の会社なのだから、世界一のマネジメントをしなければならないのに、そうなっていません」

そして、こう訴えました。

「私は二〇年も三〇年もそのままになっている在庫の山を見すごすことはできません。みなさんは、この職場をなくしたいですか。私はなくしたくありません。一緒に在庫を減らしてくれませんか」

こうした浪花節的な呼びかけが功を奏したのか、現場の人たちは「やりましょう」と応じてくれました。それからは、まず私自身がアイデアを出し、三カ月目に三割の在庫を減らしました。しかし、それだけではありませんでした。現場の人たちは目の色を変えて新しいアイデアを出し、自分たちの力で限界を打ち破り、半年で在庫を七割減らしてくれました。

私が人のやる気に注目するようになったのは、このときの経験からです。半年で七割の在庫を減らすというのは、製鉄所の経営では奇跡に近い出来事です。ただでさえ感動しやすい私は、現場がやる気を出せば、こんなすごいことが起きるものなのかと、ますます感動しました。

製鉄所内のコミュニケーションツールとして電子メールを導入したのも、社員のやる気を引き出すための試みでした。「世界一の製鉄所を目指すからには、世界最先端のコミュニケーションツールを使おう」と提案し、私のチームでは四〇人全員がメールで連絡をとり合うようにしたのです。

九五年当時、すべてのメンバーがメールで連絡をとり合うような現場は、世界中のどこの製鉄所にもなかったでしょう。振り返れば、これは組織開発の取り組みの一つだったとも言えます。

この製鉄所勤務で、私は、金井先生の言う「一皮むける経験」をしました。組織の中で効果的なコミュニケーションができていれば、人間はすごい力を出すということを知りましたし、社員のやる気こそが会社の生産性向上につながると強く信じるようになりました。このときの現場の経験があるからこそ、今日まで人事の仕事を続けられているといっても過言ではありません。

製鉄所の改革に目途がついた後、私は米国に転勤となりました。NKKが子会社にしていた米国の鉄鋼会社ナショナル・スチールにいた先輩から、「日本国内の製鉄所で手がけたような改革をナショナル・スチールでもやってみないか」と声をかけてもらったのです。

私に与えられた仕事は、NKKから出向していた会長の補佐役を務めながら、現地の米国人幹部たちとコミュニケーションをとり、米国側・日本側相互の信頼を醸成して社内融和を図ることでした。日本人と米国人が一緒に働く職場で仕事ができたのは、その後を考えるとよい経験でした。また、トップが先を読みながら意思決定を行う瞬間を、毎日のように間近で見ることができたのもとても勉強になりました。

しかし、米国滞在が二年目を過ぎた頃、私を東京の本社に戻そうという話があることが伝わってきて、私は人生の岐路に立つことになりました。

ＮＫＫの中に、私のような跳ね返り者を本社に戻そうと動いてくれた人がいたのは、本当にありがたいことでした。社内では相当な議論があったはずですし、「あの『論文』のせいで、上層部の中には八木に対するアレルギーがまだある」と私に言う人もいました。その通りだったと思います。あの文章に関しては、内容はともかく、発表の仕方が稚拙だったことは認めざるをえません。

そして最終的に、私の帰国人事は立ち消えになりました。やっぱりそうかと半ば納得しつつ、そのことを伝えてくれた人から「やっぱりうちの会社では年功序列の壁は破れないんだよ」と聞かされたとき、私はＮＫＫを去ろうと決意しました。今、ＮＫＫを強くするために自分が貢献できないのであれば、あと何年間、我慢し続けなくてはいけないのだろうと思ってしまったのです。

もしかすると、それは早すぎる決断だったのかもしれません。すぐにあきらめるのではなく、時機をじっと待つという選択肢もあったのかもしれません。ＮＫＫをやめたことについて、私は今でも忸怩《じくじ》たる思いを引きずっています。けれども「年功序列の壁は破れない」と言われたとき、悲しいことですが、私の中で「ＮＫＫのために尽くそう」という気持ちは消えました。それだったら別の企業で自分の実力を試し、もう一度、自分の人生を立て直す方がいいのではないかと、初めて転職を考えました。

私には、ヘッドハンターの知り合いが一人だけいました。会って話したことは一回しかなく、年賀状のやりとり程度の付き合いしかありませんでしたが、その人と久しぶりに電話で話し、「実はＮＫＫをやめようと思う」と打ち明けました。

すると、二週間後に向こうから連絡があり、日本ＧＥのヘルスケア部門で働かないかともちかけられました。面接は米国で行われ、約一カ月後には、私の採用が決まりました。

昇給を止める

一九九九年一月、私はＧＥ横河メディカルシステム（現ＧＥヘルスケア・ジャパン）に人事部門長として入社しました。

それに先立つ面接では、本社ヘルスケア部門の人事トップが、ＧＥにおける戦略人事の内容、つまり、どんな戦略を描き、その実行のためにどんな組織をつくろうとしていて、どのような人員をどのように配置しようとしているか、あるいはどんな人材を伸ばそうとしていて、そのためにどんな施策を打ち出しているのか、といった手の内をすべて私にさらけ出してくれました。社員の評価を決めるセッションＣの資料も実際に見せてもらえました。

私は、なるほどさすが世界一のグローバル企業だと感心しました。GEでなら、私が思い描く人事施策を実行に移せるのではないかとの期待も高まりました。

入社後、私は一月から三月までは米国にいて、正式に日本で働き始めたのは四月からでした。ところが、初日早々、期待は裏切られました。その会社では、米国で聞かされていたGEのイメージとはずいぶんかけ離れたことが行われていたのです。

その日、会社に着いて人事部門の部屋に行くと、給与の担当者が「管理職の昇給案にサインしてください」と書類を持ってやってきました。

どうやって昇給を決めたのかを私は尋ねました。評価はセッションCで決めていたはずですが、それをどうやって昇給に反映させていたのかが気になったのです。

すると、給与の担当者は、評価によって昇給のパーセンテージを決める表があって、それに基づいて人事が昇給を決めていると説明しました。要するにグローバル式どころか、実に日本的なやり方がそのまままかり通っていたわけです。

やはり思っていた通りかと、正直なところ私はがっかりしました。しかし、ぐっと気を引き締め、サインを断りました。

「給与は、上司であるマネジャーが当事者意識をもって最終的に決めるべきでしょう。『人事が勝手に決めた』とマネジャーに言わせてはいけない。どの管理職の給与を何円上げるということまでマネジャーに決めてもらおう」。そう言って、書類を突き返したのです。

給与担当は「しかし、今日中にサインをしてもらわないと、昇給案が通りませんから、管理職に四月からの新しい給与が払えなくなります」と困惑した様子でした。

「だったら払わなくてもいい。四月は昇給前の給与を払って、五月に精算すると言いなさい」と私は突っぱね、各マネジャーには自分から話すと言いました。

私には、マネジャーたちが評価と給与について部下たちとどういうコミュニケーションをしているのか、だいたい想像がつきました。

おそらく「自分としては高めの評価にしたつもりだけど、そのわりに昇給が低くなってしまって申し訳ない。人事が調整した結果、この額になってしまったんだ」などと言い訳めいたことを言っていたに違いないのです。

それから間もなく、マネジャーたちに集まってもらった場で、「そういうやり方は金輪際、認めません」と私はきっぱり言いました。そのうえで、全管理職の昇給前の給与額、昇給のための予算総額、そして昇給の決め方のガイドラインを示し、「みなさんがそれぞれ部下の管理職の給与を決めて下さい」と頼み、五月から新しい給与を払うことに同意してもらいました。

評価に基づいて給与を決めるからには、成績のよい人とそうでない人に差をつけなくてはなりません。しかし、成績のよかった人の昇給のパーセンテージを上げたとしても、その人の元の給与額が低ければ、昇給後の給与額もあまり高くはなりません。逆に、成績がさほどよくなかった人の昇給のパーセンテージを下げたとしても、その人の元の給与が高ければ、給与は高いままということになります。

そうすると、頑張って成績を上げた人は、会社は自分の貢献度を評価してくれていないのではないかと不満を感じます。中には納得がいかない人もいるでしょう。だからこそ、私はマネジャーたちに対して、部下の給与の額まできっちり決め、その額についてちゃんと部下と話し合ってほしいと頼んだわけです。

加えて、当時の社長に対しても、特に頑張って会社に貢献した人がいたら、社長が使える予算枠を使って給与を上げてほしいとお願いしました。

相撲ではなく、サッカーを

GE横河メディカルシステムにやってきてから三カ月間、私は社内の様子の観察に努めました。そして、改善すべき課題を見つけ出し、米国の本社に赴いて、かつて私の面接をしてくれた人事のトップに報告しました。

私が課題として列挙したのは、この会社には年功序列的な人事がまだ残存しており、実力より経験が重んじられる傾向があること、給与の差のつけ方が不十分であること、ミドルには優秀な人材がそろっているが、経営層の一部に必ずしも優秀でない人たちがいること、経営にスピード感がないこと、労働組合への配慮から意思決定が遅いことなどでした。

一言で言うと、当時のその会社にはGEらしさが欠けていました。もっとも、これは致し方のないことでもありました。世界各地のGEと名のついている会社の中に、「真にGEらしい理想的な会社」はそうあるものではないのです。どこの国のどんなビジネスの部門も、程度は違っても、その国特有の企業カルチャーを引きずっており、GEが理想とするオペレーションが完璧に遂行されているチームを見つけ出すのは困難です。

GEの理想はそれくらい高く、世界中のGEはその理想に近づこうと努力しています。言い換えれば、各国・各ビジネス部門が妥協せずに、そうやって理想を求める姿勢こそ、グローバル企業としてのGEの強さなのです。

ともあれ、私が押し進めようとしたのは、日本企業っぽさを引きずったままの会社を「G

E化」させることでした。本社の人事トップには「三カ月でやりたい」と申し出ました。するとと彼は「それができればすばらしいが、急ぎすぎではないか。以前、本社から専門家を送り込んだが、何年かかっても達成できなかった」と心配そうでした。

私は「自分は日本企業の仕組みを知っているし、日本人の気持ちもわかる。だから大丈夫です」と胸を張りました。

もちろん、改革は一人ではできませんし、一人でやるつもりもありませんでした。幸い、当時のGE横河メディカルシステム社長はしっかりとGEを理解しており、私が人事部門長になったのと同じタイミングで社長になった人でしたから、二人三脚を組みやすく、改革を進めるうえで大いに助けられました。

人事部門の部下たちの中にも、会社をもっとGEらしくしたいと考えている人たちがたくさんいました。

そこで私は、相撲と野球とサッカーの絵を会社に持っていって、部下たちに見せました。

「これまでこの会社は、GEグループでありながら、言ってみれば、日本独自の競技である相撲をとってきた。だから、とりあえずは米国に合わせて野球をやっていこう。それができたら次は、世界中の人たちがプレーするサッカーをやって、グローバルプレイヤーの一員であることを証明しよう」
そう言って、改革に一緒に取り組んでもらいたいと呼びかけました。

改革は朝の挨拶から

私が進めた取り組みは、外資系の企業にしては一風変わった改革だったように思います。最初に始めたのは朝の挨拶でした。

日本に戻ってきて最初の二週間、私は毎朝、定時の三〇分前に会社にやってきて、玄関前で社員たちと挨拶をするようにしました。自分でするだけでなく、社長とその直属の幹部たちにも「交代でかまいませんから、私と一緒にやってもらえませんか」とお願いしました。社長以下は賛同し、協力してくれました。

どんな企業や組織でも、トップをはじめとした経営幹部と社員たちの間には距離があり、上から話しかけようとしない限り、下から話が上がってくることはありません。

けれども、社長以下の幹部がそろって、社員たちに「おはようございます、おはようございます」と挨拶をしていれば、社員たちは「何が始まったのだろう」と感じます。そこですかさず、「われわれは、社員がものを言いやすい会社をつくりたいのだ」というメッセージを社内に流せば、朝の挨拶は、単なる挨拶以上の意味をもち始めます。会社の上層部に何を話しても大丈夫なのだという雰囲気が醸成されます。社長や幹部と社員のコミュニケーションは「おはよう」という朝の挨拶から始まるのです。

後年、日本GEの人事を担当したとき、私は人事部門の部屋の模様替えをしたこともありました。

おそらく多くの日本企業はそうでしょうが、人事部門のオフィスは非常に閉鎖的なつくりになっています。外部に漏れては困るデータがあるといった理由から、いつも扉が閉まっていたり、扉は開いていても、外から中が見えにくいように垣根がつくってあったりします。その頃の日本GEのオフィスにもそういう垣根がありました。

私は「垣根をどけよう」と言いました。「法務に叱られます」と止めようとする部下もいましたが、「人事は法務に喜んでもらうためにあるんじゃない。社員と話すためにあるんだ」と言って、垣根をすべて撤去してしまいました。

その後、座席の向きも変えました。それまでは正面奥に人事部門長の席があり、みんなが部門長の方を向くような、つまり外にお尻を向けて座るような配置になっていましたが、外からやってくる社員たちに、できるだけ正面を向いて対応できるように机を並べ替えたのです。

これは、その方がいいとか悪いとかの問題ではなくて、気持ちの問題です。部屋に入ってくる人に対して背中を向けているのと、顔を向けているのと、相手にとってどちらが気持ちいいかということです。それに、物事は小さいことから始めなくてはいけません。ふつうの人は小さいことにこだわりをもち、不満を感じるものなのです。

小さな変化は、やがて人づてに社内に伝わっていきます。私が期待したのは、人事部門が社員に対して開かれた部署になったという印象が少しずつ広がっていくことでした。

やる気のない社員に居場所はない

こうしたどちらかというとソフトな改革を進める一方で、私は少々大胆な行動にも打って出ました。率先して取り組んだのは、パフォーマンスマネジメントの徹底でした。

米国の企業では、「エンプロイメント・アット・ウィル（employment at will）」、つまり、会社はいつでも社員のクビを切ることができるし、その代わり、社員も自分の意思でやめたいときにやめられる、という慣習にのっとって雇用関係が成り立っています。

これに対し、日本企業では、会社は社員をクビにできないと多くの人が思い込んでいます。

確かに、いくらパフォーマンスに問題があったとしても、その人に会社をやめてもらうのは簡単なことではありません。しかし、人事の側がデータをそろえ、コミュニケーションをしっかりとれば、去ってもらうべき人に去ってもらうことは可能です。米国の企業であろうが、日本の企業であろうが、人事がやるべきことは同じです。

ＧＥ横河メディカルシステムに入った年、幹部数人に会社をやめてもらいました。私は社長とともに、その幹部たちの業績をきちっと評価し、時間をかけて本人たちと話し合って、会社を去るという選択に同意してもらいました。

それから、「まったく働かない社員」にはやめてもらいました。そんな社員が実在すること自体、私にとっては驚きでしたけれども、話を聞いて見に行ってみると、席に着いたまま、本当に何もしていない社員がいたのです。電話もとらないし、何か資料に目を通している様子もなく、一応、パソコンには向かっていましたが、私が見ている一〇分間、その人のパソコン画面にはずっとスクリーンセーバーが表示されたままでした。

人事部門のオフィスに戻って、私は「彼にはやめてもらおう」と部下に言いました。

部下は「無理にやめさせようとすると、本人が抵抗するでしょうし、訴訟を起こされるかもしれません」とひるんだような顔になりました。

「かまわない」と私は言いました。GEのヘルスケア部門では、医療現場に入っていって、血液のついた医療機器を懸命に修理している社員たちがいます。それなのに、一方では社内で何もせずにボーッとしているだけの社員がいる。そんな状況は許されないだろうと思いました。そんなことをもし許す人事担当者がいたとしたら、その人事こそ必要がないことになります。

私は部下に、「あそこの部署のマネジャーと会って、新しい人事部門長はああいう社員を絶対に許さないと言いなさい。訴訟を起こされたら、人事部門長が責任をもって引き受けると言っていいから」と命じました。

納得してくれた部下は、その部署のマネジャーに会って、私が言った通りのことを言いました。マネジャーは「人事がそこまで言うなら」と了解してくれました。三日後、その社員はいなくなっていました。

前にもお話しした通り、人事の仕事では、自分が正しいと信じることを怖がらずにやることが肝要です。もちろん、場合によってはリスクも負います。けれども、リスクを恐れてそこから逃げれば、ほかにやる人がいなくなります。傍から見れば無理と思われることであっても、やるべきことはやるという信念を貫かなくてはならないのです。

「きれいごと」で組合と合意

私は入社早々、労働組合にも飛び込んでいきました。労組の活動の方向性が、会社が目指している方向性と乖離しているように見えたからです。

そのときの労組幹部との議論で、私は「権利を取りにいこうとする組合活動は間違っている」と主張しました。

たとえば、当時、その会社には寒冷地手当がありました。寒い地域で働く社員たちが、毎月、給与とは別に受け取る手当です。しかし、私に言わせれば、寒冷地手当があるのなら、沖縄で働く人たちには「暑い地域で働いてもらうための手当」を出さなくてはなりませんし、東京で働く人たちには「通勤ラッシュに耐えてもらうための手当」を出さなくてはなりません。けれども、そうした手当は支払われません。それは、労組が権利を勝ち取るためと称して、取りやすそうな手当から取りにいくからです。これはあまり健全な発想とは言えません。

私は労組幹部たちとの話し合いで、GEの社員は、GEが何より成長を目指す会社であることに合意して、GEで働いているはずだと言いました。そのうえで、不信感をもって会社と対抗し、譲歩を引き出そうとするのではなくて、会社が成長するとともに、社員がしあわせになっていけるような関係を目指すべきではないのかと膝詰めで議論しました。

これは明らかに「きれいごと」です。それは労組の幹部たちもわかっていたでしょう。しかし、この「きれいごと」にお互いが合意できたら、会社が信頼に反することをした場合、人事は全力を挙げて労組とともに正しく物事を解決すると私は明言しました。万が一、会社やマネジャーが間違ったことをしたら、労組に糾弾されようが、ストライキを打たれようが仕方がないとも言いました。

このときの議論は徹夜となりましたが、最終的に私は労組幹部たちと握手を交わすことができました。人事部門は正しいマネジメントを目指し、労組はそれを支援しつつチェックするという「きれいごと」にお互い合意したのです。

以後、労組は会社の意思決定をよく理解し、組合員とのコミュニケーションを迅速に図ってくれるようになりました。

エアコンがダメなら扇風機一〇〇台

GEで私は、社員のやる気を高めて、生産性を向上させるという人事の役割も、より積極的に果たしていくようにしました。

あるとき、現場の社員とのラウンドテーブルミーティングで、現場が自分の判断で使える予算額についての話が出ました。医療機器の保守点検のために病院を回っている社員が、現場で配線用の延長コードが必要だと気づき、すぐ買いに行こうと思ったものの、許可なく使えるお金の上限が三〇〇〇円と決まっているため買えなかった、という話が出てきたのです。

ヘルスケアの会社でありながら、現場で社員が医療機器を直せないというのは困ったことですし、こんなルールは現場のやる気を低下させるだけだと私は思いました。そこでミーティングの途中、みんなの前で担当者に電話をかけ、「なぜ上限三〇〇〇円なんですか？」と理由を尋ねました。

担当者によると、以前、個人的な高額の買い物をして会社に不正に経費を請求した社員がいたため、三〇〇〇円という上限を設け、再発防止に努めているとのことでした。

説明を聞き終わると、私は言いました。

「あなた、お子さんがいるでしょう。毎月、三〇〇〇円以上のお小遣いを与えているんじゃないですか。子どもに三〇〇〇円以上のお金を自由に使わせているのに、一生懸命に働いている社員に三〇〇〇円以上は使わせないというのはおかしくないですか。社員を信頼しましようよ」

私が人と話すときにいつも念頭に置いているのは、その人の心を動かすことです。悩んでいる人を元気にしたいときもそうですし、おかしな制度をおかしいと思わずに放置している人に対しても、その人の心臓をわしづかみにするような言葉をあえて使って、心を動かそうとしています。このときもそれがうまくいき、担当者は心を動かしてくれて、上限三〇〇〇円のルールは撤廃されました。

お金によって社員のやる気を高めるためには、金額の多寡だけでなく、出すタイミングも大切です。

ある年の夏、工場に出かけていったところ、現場の社員たちから「エアコンをつけられませんか」と頼まれました。そこはかなりの暑さでした。しかし、要望通りに工場にエアコンを設置するためには、費用が何百万円もかかります。私は総務も担当していましたが、その年の予算ではとても賄《まかな》いきれない金額でした。

そこで、私はその場で総務部長に電話して、「週末に扇風機を一〇〇台、工場に入れて下さい」と頼みました。扇風機なら一台一万円としても、一〇〇台なら一〇〇万円ぐらいの費用ですみ、しかも土曜日と日曜日の二日間でなんとか設置できるからです。

週明け、工場を再訪すると、たくさんの扇風機がうなりを上げて回っていました。エアコンほどの効果はもちろんなく、現場の社員たちは「あまり涼しくありませんよ」と苦笑いしていましたが、私が「心は涼しくなったでしょう」と余計なことを言うと、苦笑いが元気いっぱいの笑顔に変わりました。

手前味噌になりますが、私はこういうお金の使い方こそ、社員のやる気を高めることにつながると思っています。一〇〇万円が、社員のやる気を高めるという何倍、何十倍もの効果を生み出すこともあると信じています。

とっておきの物語——金井

八木さんにとっての「一皮むける経験」

本章は、八木さんのとっておきの個人ヒストリーを含む。仕事上の経験だけでなく、高校卒業後のヨーロッパ放浪旅行についても詳しく語られるなど、聞く人を元気づけ、やる気にさせる、価値の高い内容になっている。

神戸大学大学院経営学研究科で管理会計を専攻する加登豊教授は、かつてある講義の場で、企業で原価管理の仕事をする人の役割を「御者」にたとえた。

その際、加登さんは、映画『ベン・ハー』で主役のチャールトン・ヘストンが四頭立ての戦車を操るシーンを見せ、「原価管理の人たちがやっているのは、これと同じです」と言い切った。原価管理をする人が「御者」なら、その他の部署の人たちは「馬」ということになるから、なかなかに大胆な発言だったが、聞いていて、なるほどと思った。

とりわけ、八木さんが最初に入ったNKKのような装置産業においては、原価管理の重要性は高い。しかも、八木さんが就職したのは第二次オイルショックの後、鉄鋼業界ではコスト削減が経営課題になっていた時期であり、そういう時代に経営の根幹にふれたのは、偶然もあったにせよ、よいキャリアの踏み出し方をしたものだと思う。

人事に移ってからのエピソードも豊富に語られた。「いい子ちゃん人事」でやらせ質問を考えてしまったこと、人事担当者たちの会合に出て何も発言できなかったこと、異動のための情報をデータベース化したこと、MITへの留学、リストラ担当として管理職の出向人事にかかわったこと、年功序列反対の声を上げたこと、社長批判、製鉄所への異動、米国勤務、そしてGEに転職してから取り組んだ数々の改革について、八木さんはたっぷり話してくれた。

それらの中から、製鉄所勤務時代に現場の人たちと在庫削減に取り組んだことを、八木さんは「一皮むける経験」として挙げた。

「一皮むける経験」を聞くというのは、私が、先行研究の影響も受けながら自分なりに工夫して、働く人のキャリア形成を考察する際に採ってきたアプローチであり、研究調査の方法論として、ある程度、結晶してきた。具体的には、調査対象になってくださった方々に、仕事を通じて大きく成長した経験をいくつか挙げてもらい、その中に部下によく話す経験があるかどうか、逆にこれまで誰にも話したことがない経験があるかどうかを聞くとともに、それらの経験から引き出された教訓について尋ねるというものだ（金井壽宏『仕事で「一皮むける」』光文社新書、二〇〇二年）。

何十人、何百人もの人を相手にインタビューを重ねていき、この方法に熟達すればするほど痛感することだが、人々がもつ経験のストーリーの芯にたどり着くのは難しい。インタビューする側の熟達度が問われることは言うまでもないが、それ以上に大事なのは、インタビューを受ける方々の内省する力だ。その力が高度であれば、このアプローチは、本人たちに深い内省をもたらし、ストーリーの核心、芯の部分の意味づけが可能になりやすい。

人生にはいろいろな節目がある。ビジネスパーソンにとっては、就職、異動、配属、責任の重い仕事や困難な仕事を担当したときなどが、大きな節目となる。そうした節目において、人は一皮むけ、学びや気づきを得る。

八木さんの場合は、現場での経験を通じて、人のやる気を最大化させることが企業の生産性向上につながることを知った。そして、その確信に導かれて、人事の仕事を続けてきた。

そのことを八木さんは、本書を仕上げるプロセスにおいても、また私が主催する二つの人事研究会においても、楠木建さん（一橋大学大学院国際企業戦略研究科教授）の表現にならって言えば「ストーリーとしてのキャリア」として語ってくださった。

それは、八木さん御自身が優れた内省力、言語化能力を培ってこられたからこそ、できたことだが、八木さんのキャリアの語りをうまく引き出せたことで、こうしたねちっこいインタビューに意味があるということを改めて私も実感した。

「一皮むける経験」は、自慢話みたいになるから語りにくいと言う人も少なくない。しかし、自分のストーリーを語ることは、自分をもっとよく知り、また周囲の人たちに自分の行為の原動力をわかってもらうためのコアストーリーの探索にもつながる。と同時に、自分らしさやアイデンティティを自ら確認していく道筋でもある。

シャイン先生のこと

八木さんと私の共通の師、ＭＩＴのエドガー・Ｈ・シャイン先生についても、ここで解説しておこう。先生はキャリアの語りに耳を傾ける名人であり、ご自身のキャリア初期のテーマ選択において、GEとの縁がある人でもある。また、前章で取り上げた組織開発の先駆者の一人でもある。

シャイン先生はハーバード大学で実験社会心理学の博士号を取得した後、ワシントンDCにあるウォルター・リード陸軍研究所の研究員となった。そこでの最大の成果は、「強制的説得（coercive persuasion）」の研究である。朝鮮戦争で中国軍の捕虜となり、共産主義思想を植えつけられた米国人兵士らへの臨床的な聞き取りを通じて、先生は、今では洗脳として知られている手法とメカニズムを解明した。

その後、シャイン先生はMITのスローン経営大学院に移り、そこでGEの研修所について知ることになる。当時のGEでは、自社の研修所に言及するとき、「インドクトリネーションセンター」という呼び名――あるいは、やや自虐的に誰かがそう呼んだのかもしれないが――が流通していた。

「インドクトリネーション（indoctrination）」とは、「教義を内面化させること」「教化」といった意味であり、つまりその研修所は、GEが自社の価値観を社員に教え込む場だった。

ここから、先生は、組織社会化という新たなテーマに向けて研究を続けていくことになった。企業が自社の理念や価値観などに自信をもっていたら、やや強制的にであっても、それらを新人に注入し、新人を組織や仕事にうまく適応させようとしているはずだと考えたのだ。

組織の価値観などがそのメンバーの態度や行動にどういう影響を与えるかということを、先生は、MITの卒業生四四人に対する継続的なインタビューと質問紙調査から突き止めようとした。しかし、結論を言えば、この研究は失敗に終わった。調査対象者の中には、組織の価値観を内面化する人もいれば、それほど影響されない人もおり、また一度会社に勤めても、やがてよそに移ってしまう人もいたからだ。つまり、人は組織の価値観を注入されそうになっても、強制的説得(解釈によっては洗脳)されそうになっても、それを跳ね返す個性をもっているということだ。

その一方で、この研究では思わぬ成果も上がった。一〇年間くらいにわたるフォローアップ調査を通じて、調査対象となったMITの卒業生一人ひとりは、会社の中で担当が変わっても、他社に転職したとしても、個人として大切にしたいと思うものをもつようになっていたことがわかったのである。どんな仕事をしているときにも、自分の働き方を方向づけるよりどころ、これをシャイン先生は「キャリア・アンカー」と名づけた。

シャイン先生が組織開発の立役者となったのは、今はもう存在しない伝説のコンピュータ企業、DEC社(デジタル・イクイップメント・コーポレーション)からコンサルティングの依頼を受けたことがきっかけだった。

ＤＥＣ社は一九五七年に創業し、その創業者より二歳若いだけのシャイン先生が招かれたのは、そのわずか二、三年後だったという。先生に求められたのは、よりよい経営戦略を策定して実行するためのアドバイスではなく、よりよい議論を通して適切な戦略が策定される道筋、すなわちプロセスを生み出すことだった。

この経験を通じて、シャイン先生は、プロセス・コンサルテーションという組織開発の方法を見出した。あるいは、先生はこの方法によって、ＤＥＣ社創業者のホンネと同社の組織文化を解読したと言ってもいい。

ＤＥＣ社の経営幹部会議は、たいがい、ボストンのあるマサチューセッツ州の隣、ニューハンプシャー州の森の中のコテッジで開かれていたと聞く。とりわけ秋の紅葉が見事で、訪れる人をなごませるような場所がたくさんある辺りだ。

というと、いかにものどかな雰囲気の中で会議が行われていたようにも思えるが、創業者のケン・オルセンは議論にはとことん厳しい人だったようで、しばしば会議をひとりで牛耳り、声を荒らげることもあったという。

そういうとき、シャイン先生は、オルセンや他の出席者に声をかけることで、彼らが自分たちで納得できる答えを探すためのプロセスをつくっていった。

たとえば、会議の最中に、誰かと誰かの意見が割れて収拾がつかなくなったときに、「お二人の意見が異なるのは、意見の前提となる認識が違うからではありませんか」と言ったり、オルセンが強い口調で発言し、他のメンバーが言いたいことを言いづらい雰囲気になったときに、（私の推測だが）「ケン、怒るよりも、耳を傾けよう」というような一声をかけたりして、問題解決のプロセスを促進させた。

これが、プロセス・コンサルテーションによる組織開発のあり方であり、こうした手法は、近年、先生が提唱している支援学の基盤をなしている。

パーソナル・ストライビングとしての「逃げるな」

この章の中で、八木さんは大学受験から逃げた経験を語り、以来、「逃げるな」と自分に言い聞かせるようになったと述べている。これは次章の内容にもかかわってくる重要なエピソードだ。

パーソナリティの心理学に、ロバート・エモンズによる「パーソナル・ストライビング(personal striving)」という興味深い概念がある。適切な日本語訳がないのだが、人生を貫く目標、生きる意味、存在価値に近い意味合いをもつ概念であり、個人の目的達成努力の個性記述的な一貫したパターン、個人が達成しようとしていることを表現したもの、個人がさまざまな状況において成し遂げようとしている典型的なゴールのタイプを表現したもの、などと定義される。

八木さんにとっての「逃げない」は、このパーソナル・ストライビングに該当する。だからだろうが、バイカル号、シベリア鉄道、ノルウェーのスコッツェルブ村、そしてタミヤの模型など、エピソードにまつわる記憶が細部にまでわたっている。そうした記憶がすべて詰まった経験を通じて、八木さんは「逃げるな」という教訓を引き出したのであり、深い経験もないのに「逃げるな」とアドバイスするだけの人とは、迫力が違う。また、そんな八木さんだからこそ、「正しいと信じることを正しくやる（do the right thing right）」と胸を張って言えるのだと思う。

八木さんは、ＧＥに入ってすぐ管理職の昇給を止めたり、労組に乗り込んだり、工場に扇風機を入れたりと、実行重視の姿勢を貫いてきた。その一方で、御本人も「浪花節」と言っておられるように情を大切にしてきた。また、「朝の挨拶」を始めるなど、きわめて日本的なやり方も使って改革の旗を振ってきた。

人事部門の模様替えは、物理的レイアウトの変更を起爆剤とする組織開発手法の一つと理解することもできるし、この話からは、組織を本気で変えようと思ったら、できることはたくさんあるということが伝わってくる。「開かれた人事部」は、文字通り、余計な垣根をどけることから始まるのだ――。そのように言ってよいであろう。

第四章 リーダーを育てる

なぜリーダーを育てるのか

人事部門のきわめて重要な仕事の一つに、次世代リーダーの育成が挙げられます。このことに異論を差し挟む人事担当者はたぶんいないでしょう。

しかし、リーダーは簡単に育てられるものではありません。実際のところ、優れたリーダーの多くは突然変異で現れます。それは、著名な経営者や起業家の登場の仕方を見れば明らかです。ああいうリーダーは誰かに育てられたというよりは、たまたま現れるのです。しかも、その出現率はきわめて低く、おそらく一万分の一にも満たないはずです。

では、リーダー育成には意味がないのでしょうか。私はそうは考えません。GEでは、リーダーが非常に希少な存在であることを踏まえたうえで、本気になってリーダーを育成しています。突然変異が出現するのを待っていたのでは間に合わないからこそ、危機感をもってリーダーを育て、一万人に一人の出現率を、なんとかして一〇〇人に一人ぐらいに高めようとしています。逆説的な言い方になりますが、リーダーは滅多に育たないからこそ、育てなくてはならないのです。

もう一つ、逆説めいたことを言うと、リーダーはリーダーにしか育てられません。だったら、人事にはリーダーは育てられないではないかと思われるかもしれませんが、そうではなくて、人事としてリーダーを育てようとするならば、人事の私たちがまずリーダーでなければならないのです。

世間の多くの企業では、人事部門主催でリーダー育成の研修が行われています。研究者やコンサルタントなどを講師に招き、受講者であるリーダー候補たちにトレーニングを施すという形が一般的ではないかと思います。

そういった研修の最中に、受講者が「お前ら人事に、リーダーシップがどうとか言われたくないよ」と言い出したらどうでしょう。人事の研修担当者は反論できるでしょうか。自分もまたリーダーの一人であり、だからリーダーを育てられるのだと、受講者に堂々と言い返せるでしょうか。

もちろん、ここで言うリーダーとは、ポストや肩書きに基づくリーダーのことではありません。権限ではなく見識をもって、正しいと信じることを正しく言えるリーダーを意味しています。私は、およそ人事の仕事に携わる人たちは必ずそういうリーダーであらねばならないと考えています。

そして言うまでもなく、リーダー育成においては、ポストや肩書きのともなうリーダーの役割も重大です。とりわけトップの参加は不可欠です。

GEでは、リーダー育成にあたって、徹底的に現役リーダーを使います。多忙なビジネスを抱えているリーダーたちには気の毒なことは承知のうえで、無理を言って時間を割いてもらい、リーダー候補たちと対話してもらったり、アクションラーニングのコーチ役を務めてもらったりしています。

でなければ、けっして真のリーダーは育たないということは、GEの現役リーダーたち自GEの現役リーダーたち自身がよく知っています。かつてリーダーの薫陶《くんとう》を受けてリーダーになっていった彼ら彼女らは、次のリーダーを育成することが自分たちの重要な役割であることをよくわかってくれているのです。

なぜCEOは四五歳なのか

GEのかつてのリーダー、ジャック・ウェルチは四五歳でCEOになりました。現在のリーダー、ジェフリー・イメルトも同じく四五歳のときにCEOに就任しています。このことは偶然の一致ではありません。

大企業のリーダーは、最低でも一五年から二〇年ぐらい務めないと、強い会社をつくることはできません。

ウェルチがGEのトップになったのは、一九八一年のことでした。しかし、伝説の経営者と言われる彼でさえ、GEを完全に掌握して、思い通りに動かせるようになるまでには、七、八年を要したように思います。

その間、ウェルチは、「建物を壊さずに人を殺す」という意味で〝ニュートロン（中性子爆弾）・ジャック〟とあだ名されたりして、社内でかなりの反発や抵抗を受けました。革新的な業務改善手法であるワークアウトを導入するなどして、経営者としての本当のウェルチらしさを出せるようになってきたのは、八九年ぐらいからだったと思います。

そのウェルチが引退したのは二〇〇一年、六五歳のときであり、後継に指名したのが、四五歳のジェフリー・イメルトでした。ですから、おそらくイメルトも二〇年間ぐらいはGEのリーダーを務めるでしょう。

読者の中には、四五歳という若さで、社員総数約三〇万人に上る巨大なグローバル企業のトップが本当に務まるのだろうかと不思議に思う人もいるかもしれません。しかし、GEではそういう見方はされていません。巨大企業のマネジメントは難しいからこそ、お年寄りではなく、若い人にトップを任せ、二〇年ぐらいの長い時間を与えるべきだと考えられています。

もっとも、四五歳のリーダーを選び出すのは大変なことではあります。何が大変かというと、とにかく時間がないのです。

イメルトがハーバード大学で経営学修士（ＭＢＡ）を取得後、ＧＥに入社したのは、一九八二年。彼が二六歳のときでした。その後すぐにウェルチの目にとまり、ほかの多くの若手とともにリーダー候補になりました。

それからおよそ二〇年をへて、イメルトはウェルチにとって代わったわけですが、二〇年間でリーダーを育成しようと思うと、育成する側にかなりのスピードが求められます。リーダー候補たちが、およそ三年ごとに異動するとしたら、その度に選抜を繰り返し、次のステップに上がっていける人を選び出していかなければなりません。ＧＥが必死になってリーダーを育成しているのは、そういう時間との闘いを意識しているからでもあるのです。

翻って見て、日本の企業はどうでしょうか。日本の大企業では、だいたい六〇歳前後くらいの人が社長の座に収まります。つまり、大卒の人が社長になるまでに、四〇年近くもかかっています。そのため、社長候補はいろいろな仕事やポストを経験できますし、その間、選抜も時間をかけてゆっくり行われます。

けれども、最終的に出世競争に勝ち残った人がめでたく社長に就任したとき、その人はもう引退間際です。それゆえ、大企業の社長は五年とか六年で交代することが多く、果たしてそんな短い期間に自分の持ち味を十分発揮できるものだろうかと、私はそちらの方に疑問を感じます。

また、日本企業の経営者の中には、七〇歳、八〇歳になってもトップで居続ける人もいますが、もし、そういう人が「わが社には、自分以外にリーダーが務まる人間はいない」と考えて、その座に居座っているのだとしたら、これは明らかに無責任です。長期政権を敷くトップは、次のリーダーを育てるという大事な役割を自ら放棄していることになるからです。

日本人に欠けているエンジン

続いて、ＧＥが求めているリーダー像に話を進めていきます。

先に私なりの簡単な定義を示しておくと、リーダーとは、ビジョンを描き、コミュニケーションによって人々を巻き込み、その人たち（フォロワー）とともに、ビジョンの達成に向けてさまざまなことを実行できる人です。その過程では、フォロワーとの間に信頼を築き上げなくてはなりません。いくらよいビジョンを掲げ、コミュニケーションが巧みで、実行力があっても、信頼できないリーダーに人はついていかないからです。

また、GEでは、リーダーの条件として、経営や事業に関する知識があること、自身の専門性をもっていること、環境の変化に対応する能力を備えていること、何より大前提としてGEグロースバリュー（外部志向・明確でわかりやすい思考・想像力・包容力・専門性）をもっていることを挙げています。確かに、これらはいずれも、現実のビジネスを牽引するリーダーが身につけなくてはいけないものです。

ただ、日本人社員の中からリーダーを育成しようとする場合、リーダーがとるべき行動やリーダーの条件を教え込むだけでは不十分だと私は考えてきました。なぜなら、ことリーダーシップに関しては、日本人には決定的に欠けているものがあるからです。

世間にはよく、一生懸命に働いて成果を出すことがリーダーの仕事だと思っている人がいます。

これは誤解です。一生懸命に働いて成果を出していても、上から言われたことに、「イエス・サー（Yes, sir）」と従ってばかりいる状態であれば、それは「実行屋さん（executor）」にすぎません。その人がいくら高いパフォーマンスを発揮していても、いくら会社に多大な貢献をしていても、自ら問題を発見して、自ら意思決定をして、自らチャレンジしていなければ、リーダーではなく、フォロワーのままです。

日本人のビジネスパーソンの中には、そういったハイパフォーマンスのすばらしいフォロワーがたくさんいます。しかし、残念ながら、そういう人たちは、さらに頑張って業績を伸ばしていっても、あるいは高度なリーダーシップ教育を受けたとしても、なかなかリーダーに育っていきません。

それはなぜなのか。

そういう人たちの中には、自分を突き動かすもの、言わばエンジンが欠けているからだと私は見ています。

昨今のGEでは、中国人やインド人が数多く働いています。彼ら彼女らを見ていて感じたのは、何といってもそのハングリー精神が旺盛なことです。グローバル企業で働いているような中国人やインド人は、子どもの頃から「一番になれ」と言われて育ちます。そのため「勝ちたい」という気持ちが強く、勝利への渇望が、ビジネスの世界を生き抜いていくうえでの強力なエンジンとなっています。

その点、日本人は違います。もとより日本人の多くは生活に満ち足りており、ハングリー精神というエンジンをもち合わせてはいません。

それに加えて、日本人は幼い頃から家庭でも学校でも、「みんなと仲良くしなさい」とか

「人に迷惑をかけないようにしなさい」と言われて育ちます。弟や妹がいる人は、ほぼ間違いなく、親から「お兄（姉）ちゃんなんだから、我慢しなさい」と諭《さと》された経験があるはずです。

その結果、日本人は和を尊び、自重や辛抱を大切にする大人に成長していきます。そして、いつも控えめな態度でいて、みんなと一緒にみんなと同じように、与えられた仕事をまじめにこなす、といったフォロワータイプの働き方を好むようになるのです。

誤解しないでほしいのですが、中国人やインド人がハングリー精神というエンジンをもっているからといって、その中から、大企業のトップが務まるようなリーダーがたくさん出てくるとは限りません。繰り返しになりますが、そもそもリーダーは滅多に現れないのです。

また、米国人は、中国人やインド人とは違っていて、子どもたちに「創造性」や「正義」の大切さを教えますが（少々薄っぺらい正義である場合も多いのですが）、「創造性を発揮したい」とか「正義を追求したい」といった気持ちをエンジンとしてもっている米国人ビジネスパーソンたちの中からも、本物のリーダーと呼べるような人材はなかなか現れません。リーダー育成はそれくらい難しいものです。

けれども、もともと「勝ちたい」とか「一番になりたい」というエンジンをもっている人、あるいは「創造性を発揮したい」とか「正義を実現したい」というエンジンをもっている人は、少なくとも自分の考えをもとうとします。自分で意思決定しようとしますし、相手が誰であろうと怖がらずに自分の意見を言おうとします。

ですから、そういう人たちに、リーダーがとるべき行動やリーダーの条件を教え込めば、その中から真のリーダーシップを身につけていく人が比較的現れやすいとは言えます。もっとも、「勝ちたい」「一番になりたい」という気持ちが強すぎる人は、そのままではリーダーとしては問題がありますから、教育を通じて謙虚さを身につけてもらうなどして、エンジンのパワーを調整していく必要もあるでしょう。

ところが、日本人の場合は、自らを突き動かし、駆り立てるエンジンをもともともっていないわけですから、いきなりリーダーの行動や条件について教え込んでも、それらはせいぜい知識として型通りに吸収されるだけです。

日本発「軸づくり」のプログラム

ＧＥのリーダー育成では、クロトンビル研修所のプログラムがよく知られています。ここでは毎年、世界中のＧＥから多数の経営幹部候補を集め、短期の集中講座を施すなどしてリーダーシップ教育を進めています。プログラムの中にはアクションラーニングも含まれ、受講者たちには、イメルトCEOの前でプレゼンテーションをする機会も与えられます。

しかし、こうしたやり方も、リーダーシップにつながっていきやすいエンジンをもってい る人たちには向いているとしても、そういうエンジンをもっていない日本人社員にはあまり向いていません。アクションラーニングの過程で自分の気持ちのよい落ちつき先、すなわち「実行屋さん」の役割に自分の居所を見つけてしまうのです。まじめな「実行屋さん」や「忠実でハイパフォーマンスのフォロワー」になりがちな日本人をリーダーに育成するには、何はともあれ、エンジンをもってもらうことから始めなくてはならないのです。

そこで私は、日本GEの本社機能であるGEコーポレートで人事部門長になったとき、前任者が始めたリーダー育成プログラムを日本独自のものに発展させました。その核になっている考えは、日本人社員のリーダー候補たちに「自分の軸」を明確化してもらうことでした。ここで言う軸とは、その人の言動の中核をなす価値観、その人がこれだけは譲れないと思うこだわりや、これだけは貫き通したいと思う哲学のことです。

前章でちらりとふれた通り、かつて私は、自分は弱い人間だと悟り、「何事からも逃げない」という軸を一本、自分の中に立てました。今でも弱い人間には変わりないのですが、

「逃げてはいけない」と念じ続けることによって、なんとか言動に一貫性をもたせることができるようになり、組織の問題を探し出す力や、物事を評価するときの判断力、多様な選択肢の中から何かを選びとるときの決定力が増したように思います。「逃げない行動」を心がけることで、自分のやる気を引き出すこともできるようになり、自ら行動を起こして人を巻き込んでいけるようにもなってきました。

つまり、私自身は、「逃げない」という軸をもつことによって、リーダーシップをとっていくときの「内なる力」を得たわけです。「自分の軸」を探し、身につけ、わがものにすることによって、リーダーシップのエンジンを手に入れたと言ってもいいでしょう。

こうした考えに立ち、日本GEの新たなリーダー育成プログラムでは、「軸づくり」に重点を置いてきました。この取り組みは、現在は「J-LEAP（ジェイ・リープ）」（Japan Leadership Excellence Acceleration Program）と呼ばれています。対象となる受講者は、日本GEの中で将来を嘱望される三〇代後半から四〇代前半の社員であり、毎年、一五〜二〇人を選抜して、一年間のプログラムに参加してもらっています。

「J-LEAP」のプログラムは、受講者個々のアセスメントに始まり、経営の基礎を学ぶ座学、アクションラーニング、月一回のペースで受講者に対して行う個人コーチング・メンタリング、そして再度のアセスメントからなっています。

最初の座学は二週間行います。多くのビジネスパーソンは、自分の担当分野やその周辺の知識は身につけていても、それ以外のことはあまり知らず、タコつぼ的な発想に陥りやすいものです。そのままでは、小さくまとまったスペシャリストにはなれても、リーダーになっていけません。リーダーになるためには、自分の専門性を大事にしつつも、幅広い視点をもつ必要があるのです。そのため、この座学では、経営全体を見渡せるようになるための知識教育を施します。

続くアクションラーニングは半年間かけて行い、その中で、受講者はチームを組んでプロジェクトマネジメントを実践します。プロジェクトはゼロから立ち上げることもありますし、ビジネス部門からお題をもらって立ち上げることもあります。プロジェクトが動き始めたら、日本GEのビジネスリーダーたちがプロジェクトコーチになって、受講者たちの指導にあたります。

プロジェクトはあくまでも本物として進めます。ところが、中にはそれがよくわかっていない受講者もいて、どうせバーチャルのプロジェクトだろうとたかをくくり、インターネットで適当に集めてきた情報などをもとに、安易なアイデアをまとめて報告してくることがあります。

そんなとき、コーチたちは容赦しません。「ビジネスモデルとして成り立っていないのではないか」「仕事の進め方が甘いのではないか」などと質問攻めにします。

とりわけかつてのトップ、藤森義明さん（現・住生活〈ＬＩＸＩＬ〉グループ社長兼ＣＥＯ）の指導には迫力がありました。

「顧客になりそうな企業を何社か回って、ちゃんと話を聞いてきたのか」「価格はどうやって決めた。高すぎないか」などと、ふだん仕事をしているときと変わらない厳しい態度で問い詰め、受講者をしばしば立ち往生させていました。「君ら、そのプランをビジネス部門にもっていって、買ってくれるかどうか聞いてこい」と突き放すこともありました。

言うまでもなく、「Ｊ‐ＬＥＡＰ」の受講者たちは、ＧＥの中で成果を出してきたトップタレントたちです。彼ら彼女らにしてみれば、いくら教育の場とはいえ、自社のビジネスリーダーたちからガンガン叩かれるのはつらいでしょうし、悔しくもあるでしょう。

けれども、トレーニングでできないことが現実のビジネスの世界でできるはずがありません。それに、このプログラムの主眼は、受講者に限界に挑戦してもらうことにあります。受講者につらい思いや悔しい思いをしてもらい、その経験から「自分の軸」を見つけ出してもらうためにやっているのですから、けっして手は緩めません。

「J-LEAP」では、毎年、開講にあたって受講者に「社長就任演説」を課しています。受講者たちが社長に就任したつもりになって三分間のスピーチを考え、コーチであるビジネスリーダーたちの前で話すというトレーニングです。私も何度も立ち会いました。

もちろん、演説の出来はよくありません。手をポケットに突っ込んだまま話し始める人、私たちにお尻を向け、スクリーンを見ながらでないと話せない人、わずか三分のスピーチすら暗記していない人、空元気を出すばかりで「頑張ります」としか言えない人……。まるで学芸会みたいな演説が続き、聞いていたビジネスリーダーから「君らが次に社長就任演説をするのは、本番のときなんだぞ」という声が飛んだこともありました。

この「社長就任演説」も、受講者に恥をかいてもらうためにやっています。人が最も成長するのは失敗したときです。失敗したとき、自分に足りないものがあることに気づいた人は、そこで一皮むけ、「自分の軸」を見つけ出すチャンスをつかみます。

ただ、現実のビジネスの中でできる失敗の数は限られているため、「J-LEAP」では、受講者たちに失敗の疑似体験ができる機会を与えているのです。金井先生がキャリア形成のキーワードとして挙げておられる「一皮むける経験」を、トレーニングを通じて積んでもらっているとも言えます。

先ほど私は、リーダーが突然変異で現れるのを待っていたのでは間に合わないと述べました。「J-LEAP」では、受講者に徹底的に刺激を与えることで、突然変異を促しているのです。

刺激を与え、持続させる

とはいうものの、トレーニングはあくまでもトレーニングであり、時間がたてば、受講者たちはそこで起きたことを忘れてしまいます。座学でどんなにいい話を聞いても、明日からさっそく実践してみようと思う人は、たぶんほとんどいないはずです。アクションラーニングでプロジェクトコーチからいくら激しい罵声を浴びせられても、そうした刺激が持続するのはせいぜい三日間ぐらいです。

トレーニングには、受講者の学習をフォローアップする仕掛けが欠かせないのです。それゆえ、「J-LEAP」では、受講者に対する個別のコーチングとメンタリングに力を入れてきました。月に一回一時間、私が受講者と差し向かいでみっちり対話しました。

その中で私は、受講者にプログラムを通じて学んだことを聞いていき、リーダーシップの本質についてとことんまで考えてもらいました。私からは「リーダーシップとは何か」「リーダーには何が必要か」「君と現役のリーダーたちはどこが違うのか」「その違いはどこから来るのか」といった質問を次々に繰り出し、受講者をあえて悩ませるようにもしました。

場合によっては、かなりえげつない言葉を口にすることもありました。背中を丸めて部屋に入ってきた受講者がいたら、「君、そんな姿勢でお客さんの所へ行くか」といきなりぶちかましましたし、か細い声で話す受講者に対しては、「俺は、君に〝愛だの恋だのの歌〟を歌ってもらいたいんじゃないんだ」ぐらいのことは言いました。

姿勢や声には、その人がもっている自信の度合いが表れます。それに、胸を張って腹の底から声を出すというのは、その気になれば簡単にできることです。リーダーを目指すなら、まずは簡単なことからやるべきです。

「リーダーはふつうの人にわかる言葉で話せ」ということも口を酸っぱくして言ってきました。

GEに限らず、企業で次世代リーダー候補に選ばれるような人は、間違いなく、優秀な人材です。中には「いえ、自分は真ん中より上ぐらいです」と謙遜してみせる人もいますが、そんな謙遜には意味がありません。選ぶ側は、その人を優秀だと判断して選んでいるのですから、自分は優秀なのだという自覚ぐらいはもってもらわないと困ります。

ただし、優秀な人は、企業の中で九割以上を占めているふつうの人たちのことをよく理解し、上手にコミュニケートしなくてはなりません。優秀な人たち同士だけで通じる言葉を使ったり、上から目線でえらそうなことを言ったりしても、それを聞いたふつうの人たちのやる気にはつながらないからです。自分にわかることは他人にもわかるはずだと思い込んでいる人は、いいリーダーになれません。

心に刺さる言葉で

「J‐LEAP」で私がやってきたコーチングとメンタリングの中身は、受講者によって違いました。私が特に気をつけていたのは、それぞれの受講者にふさわしい「心に刺さる言葉」を使うことでした。

たとえば、ある年、学生時代には運動部のキャプテンをしていたのに、会社に入ってからは思うようにリーダーシップが発揮できずにいる受講者がいました。本人はそのことで悩んでいるようでしたが、私はあえて「つまり君は学生時代に一番輝いていたんだな」ときつい言葉を発しました。

本人はドキッとしたのでしょう。なぜ今の自分はダメなのかと聞き返してきました。私は、大学の運動部のキャプテンと企業のリーダーの違いについて教えました。

大学の運動部のキャプテンは最上級生（四年生が就職活動で忙しい場合は三年生）が務めます。だから、下級生を相手にリーダーシップを発揮できてさえいれば、キャプテンの役割はそれなりに務まります。

けれども、企業では違います。課長になっても上に部長がおり、部長になっても上に役員がいるため、リーダーシップは、部下に対してだけでなく、上司に対しても発揮しなくてはなりません。

もとよりリーダーシップは、自分の周囲にいるすべての人に対して発揮するものなのです。学生時代に下級生を引っ張ることができたからといって、企業で通用するリーダーシップが身についているとは限りません。

「君は上に弱いんだ。下ではなく、上を克服しなさい」と私が言うと、その受講者はつきものが落ちたような顔をしていました。

また、ある年の受講者の中に、ＧＥ流のワークスタイルが非常によく身についている人がいました。ただ、彼はそれを自分の部下にも押しつけがちだったため、私は「君は先生みたいな奴だ」とわざと意地悪な言い方をしました。

それからというもの、その受講者は自分の中の「先生っぽさ」を打ち消そうと懸命でした。私はほぼ一年間、彼のそうした態度を放っておき、プログラムが終了間際にさしかかった頃、「君、自分の先生っぽさを否定しようと必死になっているだろう。それも間違っているよ」と言いました。

彼は訳がわからないといった様子でした。

私は「先生であることが問題なのではなくて、〈GEの教科書〉しか使えていないことが問題なんだ。リーダーになるためには、会社の言うことを部下に伝えるだけではなく、自分が正しいと信じることを部下に伝えないといけない」と説明しました。すると、彼はようやく目が覚めたという顔になり、「これからは意図をもった先生になります」と言ってくれました。

こうしたコーチングやメンタリングにおいても、受講者の「軸づくり」は最大のテーマでした。私は各受講者に対して、それぞれが大事にしている価値観・こだわり・哲学を問いただしてきましたが、そうすると、「前向きに生きることです」などと、いかにもありがちな答えを口にする受講者がよくいました。

強みと軸は違います。単純に自分の強みは前向きなことだと思っているような人は、こちらが「だったら、君は後ろ向きになったことは一回もないの?」と打ち返すだけで、グラッときます。さらに「いつも前向きな意思決定ができるようにするために、君は何をしている?」とたたみかけると、もう答えが続かなくなります。

受講者たちそれぞれの軸は、アクションラーニングで鍛えられ、コーチング・メンタリングで悩んだり苦しんだりした末に、見つかっていくものです。そのために、私も真剣になって受講者と向き合い、「心に刺さる言葉」を探していきましたし、お互いに鼻血が出そうになるくらいのやりとりを続けました。

「思う」「うなずき」の封印

「軸づくり」の流れを、私は「identify」「live with」「personalize」の三段階に分けて考えています。一番目の「identify」は、自分が大事にしている価値観やこだわりや哲学を軸として識別する段階。二番目の「live with」は、努力してその軸に従って生きていくプロセス。三番目の「personalize」は、軸がしっかりと自分の身につき、自然にそれに従って生きられるようになる状態、あるいは自分なりの確固たる持論をもつ状態を指します。

「J‐LEAP」では、このうちの「identify」につながるきっかけを与えようとしてきました。私が受講者に対してよく言ったのは、「過去に自分で下した決断を思い出してごらん」ということでした。

人は、生きていれば必ず、何らかの決断を下さなくてはならない事態に直面します。進学も就職も結婚も、人生においてはみな重要な決断です。そして自分が下した決断には、軸を見つけ出すヒントが隠されています。進学にせよ、就職にせよ、結婚にせよ、その決断には、自分が大切にしている何かが反映されているからです。その何かが見つかれば、それは「自分の軸」になりえます。

失敗した悔しさからも、軸を見つけるヒントは得られます。大学受験から逃げた私は、その誤った決断によって己の弱さを思い知ることになり、「何事においても逃げない」という軸を見つけることができました。決断に成功したかどうかが問題なのではなく、そこから何を学べるかが問題なのです。

「軸づくり」の三つの段階のうち、工夫を要するのは、二つ目の「live with」の段階です。このプロセスに関しても、私は自分の経験を話しながら説明するようにしています。というのも、以前、私は二つのことを封印して、「逃げない」という軸にそった言動をしようと試みたことがあるからです。

一つは、「思う」の封印でした。ＮＫＫ時代、私は語尾を濁してしゃべる人のことがひどく気になったことがありました。会議の席などで「……だと思います」と言って話をしめくくる人たちを目にする度に、そんな逃げるようなしゃべり方をせずに、「……です」とはっきり言い切ればいいではないかと、内心いらいらしていました。

しかし、他人の話し方にけちをつけているばかりではいけないと考え、自分の話し方にも注意を払ってみると、何のことはありません、私自身も何かにつけて「……だと思います」と言っていました。

これはいけない、自分も逃げているじゃないかと反省した私は、以後、話しているときに「思う」を一切使わないと決めました。自分で決めるだけでは不十分なので、周囲の親しい同僚たちにもそう宣言し、私が会議などで「思う」と言ったら、私から見えるようにペンを立てて合図を送ってほしいと頼みました。

その後、一年間、私は「思う」を封印しました。一年かかったと言うべきかもしれません。いくら軸に従って生きるためとはいえ、言葉使いを変えるのはかなり骨が折れました。「思う」を使わずに「……です」と言い切るためには、常に自分の発言に確信をもち、論理的に

ことに変わりはありません。ただし、「逃げない」という軸をわがものとした今は、何かに直面したときに、自分が逃げようとしているかどうかを確認できます。逃げそうになった自分に対して、心の中で「逃げるな」と叫ぶこともできます。

「自分の人生にストーリーをもち、せめてその中ではヒーローであれ」

そう私は自分に言い聞かせています。

軸とはそのように自分の行動を律するためのものであり、だからこそ、リーダーシップのエンジンにもなりうるのです。

旅を続けるために

さて、ここまで読んでいただいておわかりでしょうが、「Ｊ‐ＬＥＡＰ」は、受講者にリーダーシップを完全に身につけてもらうためのプログラムではありません。

金井先生は野田智義さんとの共著で『リーダーシップの旅』（光文社新書、二〇〇七年）を出しておられますが、同書は「Ｊ‐ＬＥＡＰ」の教科書になっており、私もよくリーダーシップを旅になぞらえます。

「Ｊ‐ＬＥＡＰ」の一年間は旅の始まりにすぎません。プログラムを修了した人たちは、その先も長く続く旅を、ひとりで歩むことになります。その中で、歩みを止めずに旅を続けていける人は、三分の一か四分の一くらい、いや、ひと握りかもしれません。リーダーシップの旅はそれぐらい困難な道のりです。

しかし、私は悲観していません。このプログラムを始めて数年がたつと、少しずつ手ごたえもつかみ始めました。なぜなら、受講者たちの中に、挑戦する雰囲気が出てきたからです。

ある受講者は、私のコーチングに対して「今ならリスクをとれます」と言いました。その受講者はわりと私に似たタイプで、何事もそつなくこなし、周囲の評判も悪くないのですが、やはりちょっと八方美人的なところがありました。

そんな彼の口から「リーダーはリスクをとらなくてはいけない」という言葉が出てきたとき、彼が挑戦のステージに立とうとしていることが私には伝わってきました。

別の受講者は「リーダーは退路を断たなくてはいけない」という言い方をしました。この人は優秀なわりに自分に自信がなく、前に出るのを避けてきたタイプでしたが、「リーダーが責任をもって、進むべき道を指し示すためには、たとえ自信がなくても、後ろに下がらないという姿勢が大事だと思うようになりました」と話してくれました。

「リスクをとる」「退路を断つ」。こうした言葉を聞くと、彼らは間違いなくリーダーシップの旅に出たのだという感慨をおぼえます。それぞれが、今後、ビジネスの世界でリスクをとったり、退路を断ったりすることになるのでしょうが、ぜひともそこから何がしかの教訓を得て、さらに「軸づくり」に生かしてほしいものです。

リーダーシップの旅は、努力なくしては続けられません。私がGEで働いていて知ったのは、優秀なリーダーほど、とてつもない努力を重ねているということです。その努力とは、学ぶ努力であり、考える努力です。

GEの優秀なリーダーたちは、自社のことはもちろん、あらゆる産業界の動向について学んでいます。人に会っては話を聞き、書物に親しんでは知識を吸収し、常に頭を使って考えています。そんな姿にふれると、人はもともとの能力によってリーダーになるのではなく、努力によってリーダーになるのだとつくづく感じます。

学んで考えたら、行動に移す努力も怠らないようにしたいものです。日本のビジネス社会では、教養のある人はしばしば、「あの人は物知りなだけだから」などと揶揄されます。そうした指摘の当否はともかく、教養だけあっても、それが行動につながっていかないのはもったいないことです。

行動のともなわない知識は雑学です。実務家の学習は、問題意識をもち、行動を起こすために知識を得ていくことであり、陽明学が唱える「知行合一《ちこうごういつ》」を目指すべきでしょう。

ノートを旅の伴走者に

「J‐LEAP」で私は受講者たちに、具体的な学習の仕方についてあれこれ指導したりはしてきませんでした。ただ一つだけ、勧めてきた学習法があります。それは、「書く」ということです。

またも個人的な話になりますが、私はこれまでの企業人人生を通じて、できるだけ書く機会をもつように心がけてきました。先述の通り、NKK時代には仲間たちと自費出版の社内誌を出していましたし、人事の仕事の一環として、内定者向けの通信文を定期的に書いていたこともありました。

ある時期は、会社で何か腹が立つことがあると、ポストイットに内容をメモしておき、家に帰ってから、読み返しながらパソコンで文章にしていました。そうすると、問題の本質が見えてきたり、あるいは単に自分が至らないだけだということがわかったりして、思考の整理ができました。

最近はちょっと書く機会が減ってきましたが、それでも人事関係の雑誌から寄稿を依頼されたりすると、どんなに忙しくても断りません。

書くという作業は、自分の考えをまとめるのに最適です。自分が考えたことを文章化してみると、その内容に筋が通っているかどうか、ストーリー性があって誰が聞いても納得できる内容であるのかどうかがわかります。書いてみて、とりとめのない文章になってしまうのであれば、その考えは筋が通っていないということです。

最近はいろいろなツールもありますし、短い文章を書くのであれば、それほどの負担にはならないでしょう。それに、仕事を通じてふと考えた断片を、ときどき思い出しては並べていき、一つのストーリーにまとまるかどうかをまた考える、といった程度のことでも、続けていれば、何らかのアイデアにつながることがあります。アイデアはアイデアマンから生まれるのではなく、考える努力から生まれるものです。

言葉（文字）は、人類が進化の過程で手に入れた〝もう一つのDNA〟です。

人類学者の長谷川眞理子先生（総合研究大学院大学教授）にうかがった話によると、縄文時代に生まれた子どもをタイムマシンに乗せて現代につれてくると、その子は現代人として育ち、現代人の子どもをタイムマシンで縄文時代につれていくと、その子は縄文人として育つそうです。要するに、人類の生まれついての能力は、大昔の縄文時代も現代もさほど変わっていないと言います。

しかし、縄文時代から現代までの間に、人類の社会は飛躍的な進歩を遂げました。それは言葉があったからにほかなりません。動物の世界において世代間を媒介するものはデオキシリボ核酸だけですが、人類は、言葉という〝もう一つのＤＮＡ〟によっても世代間をつなぎ、前の世代の知恵を次の世代へと伝えてきました。だから、縄文時代から現代まで、人類の遺伝的性質はさほど変わっていないのに、社会は大きく進歩したのです。

このことを個人に当てはめて考えると、言葉を使って書く作業は、今の自分から将来の自分に宛ててメッセージを残しておくことです。人類にとっての〝もう一つのＤＮＡ〟である言葉を自分のために使い、自分の成長に役立てていくことが、書くという作業です。

毎年、「Ｊ‐ＬＥＡＰ」のプログラムが始まると、私は受講者にリーダーシップノートを持つように勧めました。リーダーはどんなときも、一貫性のあるストーリーを語らなくてはならず、そのためには物事を人一倍深く考えなくてはなりません。また、リーダーは常に成長し続けなくてはならず、そのためには、今の自分が大切だと思っていることを忘れずに、将来の自分に対して語り継いでいく必要があります。

リーダーシップノートは、そういう学習を促進するためのツールであり、自分がリーダーシップについて思ったことや感じたことを、書くという行為を通じて振り返り、読み返すことによってまた考えるという習慣をつけるためのノートです。

この習慣を続けるコツの一つを伝授するならば、できるだけ高級なノートとペンを使うことです。会社の備品や、コンビニエンスストアで売っているような量産品ではなく、ちょっと無理をしてでも、一万円くらいのノートとペンを買って携行することをお勧めします。

そうするとまず、ちゃんと使い続けなくてはもったいないという覚悟が生まれます。仕事でメモをとるようなときとはちょっと違う、引き締まった気持ちでノートに向かい、ペンをとることにもなります。

リーダーシップは生き方にかかわるテーマです。リーダーシップノートをぜひその伴走者にしてほしいものです。

知るとは、実行をともなうこと――金井

リーダー育成の王道

世間では、ＧＥはリーダーを多く輩出する企業として知られている。そのＧＥで、八木さんたちは「リーダーは滅多に現れない」「リーダーはリーダーにしか育てられない」と認識していたということをまずはしっかり押さえておきたい。

滅多に現れないからこそ、育てる。リーダーにしか育てられないからこそ、人事もリーダーシップを発揮する。人事部に、自らもリーダーだと誇れる人がいなくて、どのようにして、リーダーシップ研修や、リーダーシップ育成を意識した人事ができるのか。

こうした考え方は、今後、ＧＥに限らず、リーダー育成の王道になっていくはずだ。リー

ダーでないとリーダーを育てられない、人事部の要となる人は、自らもリーダーとなるか、そうでなければリーダー人材にリーダーシップ研修を任せる姿勢が求められる。

GEで、ウェルチ、イメルトと四五歳のリーダーが二人続けて誕生したのは、二〇年間にわたってリーダーを務めてもらうためだという見方にも非常に説得力を感じた。

また、登用されても、真にナンバーワン、CEOの力をもってもらうには時間も必要だ。

この点、日本企業はどうだろうか。過去にさかのぼって著名な経営者の例を概観してみても、創業者や起業家を除けば、四〇代で社長になった人を探し出すのは難しい。

たとえば、キヤノン中興の祖と言われた賀来龍三郎氏が末席常務から社長に就任したのは五一歳のときであり、ホンダの久米是志氏が三代目社長になったのも、同じく五一歳のときだった。いずれも日本企業では珍しく、若くして社長に就任したケースだが、それでも五〇代である。出井伸之氏は、一四人抜きの大抜擢という話題つきでソニーの社長になったが、そのときの出井氏の年齢は五七歳である。近年では、パナソニックの中村邦夫氏が「中村革命」と称されるほどの改革を推し進めたが、その中村氏も社長に就任したのは六〇歳になってからだった。

日本では、リーダー育成に力を入れている企業でも、その対象は四〇代だったりする。これに対しGEでは、「時間との闘い」を意識しながら二〇代の人を二〇年かけて必死にリーダーに育てている。このスピード感と、リーダー育成には時間がかかるという視点の違いはやはり大きい。さらに、育てたリーダーがCEOに就任すると、二〇年、その人に手綱《たづな》を託そうというのである。また、人事部ではなく、ラインのリーダーが次世代のリーダーを育て、人事部は、そのお膳立てを行うという姿勢も興味深い。

ちなみにイメルトと最後までウェルチの後継者の座を争ったのは、ジェームズ・マクナーニーとロバート・ナルデリだ。二人ともGEを去り、マクナーニーはスリーエム（3M）のCEOをへて、現在はボーイングのCEOを務めている。ナルデリはホーム・デポのCEOになった後、クライスラーのCEOに転じたが、同社の破綻を受けて退任した。

かつて、私は神戸大学の仲間二人と米国へ出張した際、両社の人材育成の責任者に会った。3Mでのインタビュー調査によると、マクナーニーは3Mに来たとき、人事部門に対して「（リーダーシップの研修を）体系的にやるというキーワードはやめてくれ。アクセラレーション（スピードを上げること）だ」と言い放ったという。体系的にではなく、より速くというあたりが、いかにもGE出身者らしい。

個人がもつ持論、組織がもつエンジン

リーダーシップの実証的な研究や研修に熱心な米国のロミンガー社が、企業で経営幹部として優れたリーダーシップを発揮している人たちに、そこに至るまでに役に立ったことは何かと尋ねたところ、七〇%が「仕事上の経験」、二〇%が「上司や顧客・取引先などから受けた薫陶」、一〇%が「研修やセミナー」と答えたという有名なデータがある。私がかつて米国で、リーダー育成に定評のある企業を調査した際にも、この「七〇・二〇・一〇の法則」をよく耳にした。

もっとも、より丁寧なインタビューをすれば、経験と薫陶はほぼ同じパーセンテージとなり、「四五・四五・一〇」ぐらいの結果が導かれるのではないかと私はにらんでいる。人が介在しない経験から学ぶことはありえないし、誰かから薫陶を受けるのは仕事上の経験を通じてでしかありえないからだ。

したがって、調査対象者に対して、「この経験では誰の薫陶を受けましたか」とか、「その人から薫陶を受けたのは、どんな仕事をしていたときですか」といった深く突っ込んだインタビューをしていけば、経験や薫陶のウエイトは自ずと近づいていくだろう。

一〇%なら、研修は役に立たないのかと決めつけてしまうのも間違いで、経験や薫陶を振

り返って自分なりの持論をつくったり、その持論を優れた経営者の持論や研究者の理論と突き合わせたりするうえでは、研修は役に立つ。研修単独では、たった一〇％の効果だとしても、経験や薫陶とつながった研修はかなりパワフルなものになりうる。

この章で八木さんは、日本人のビジネスパーソンには、自分を突き動かし、駆り立てるエンジンが欠けているとし、そうしたエンジンを手に入れるためには、「自分の軸」を明確化しなくてはならないと述べた。

八木さんの言う「自分の軸」は、私の言う「（自分の）持論（しばしば『持（自）論』と表記）」と重なり合う部分が大きい。八木さんは、軸とは、その人の言動の中核をなす価値観、こだわり、哲学のことだと説明しているが、持論もそういうものがベースとなってでき上がる。

かつてウェルチは、リーダーに求められるものを「E」から始まる四つの単語で表した。自らが活力に満ちあふれていること（Energy）、目標に向かう周りの人々を元気づけること（Energize）、タフな問題に対しても決断ができること（Edge）、言ったことをとことんまで実行していくこと（Execute）。この「四つのE」がウェルチのリーダーシップ持論であり、彼自身がその体現者だったと多くの人が証言している。

特に興味深いのは、四つ目の「Execute（エクスキュート）」が加えられることになった背景だ。もともとウェルチは、それ以外の三つをリーダーに必要なものと考えていた。しかし、あるとき、経営幹部を評価するセッションCで事業ごとに人材をつぶさに見ていて、エナジーがあり、エナジャイズできていて、エッジも利いているのに、結果を出せていない幹部がいることに気づいた。

そのとき、ウェルチの門下生であるラリー・ボシディが、最初の三つのEでは足りない、つまり、自分が元気で、周りを元気にし、エッジも利かせていても、実行段階で最後までとことんあきらめずにやり抜かないとダメだと指摘し、加えられたのが、四つ目のE、エクスキュートなのである。

念のためにもう一度繰り返すが、ここでのエクスキュートは「とことんやり抜く」ことであり、八木さんが、リーダーには当たらない人物像として提示した「上から言われたことに従うだけの実行屋さん（エクスキューター）」がとっているような行動とは違う。ウェルチが求めたのは、自ら決断し、アクションを起こしたからには、成果が出るまで徹底的にやり通すという意味でのエクスキュートであり、むしろ八木さんが軸としてきた「逃げない」に近い。経営幹部にはこうした姿勢が不可欠だとウェルチは考えたのだ。

八木さんは個人がもつべきリーダーシップのエンジンについて語ったので、私からは企業がもつべきリーダーシップ・エンジンに言及しておこう。

かつてGEのクロトンビル研修所の所長を務めたミシガン大学のノエル・ティシーは、組織の中で誰かひとりが強力なリーダーシップを発揮するより、誰もが自分なりにリーダーシップを発揮し、組織の中にリーダーシップの連鎖が生まれることが大事だと説いた。ウェルチは、どんなに忙しくても週に一度は研修所に顔を出し、そこで学ぶ経営幹部候補たちに直接語りかけたという。そうやって指導を受けた世代は、それぞれの事業分野でリーダーシップを発揮する経験を積み、さらにその下の世代も、経験と薫陶と研修を通じてリーダーシップを学んだ。このようなリーダーシップの世代間連鎖を生み出す目に見えないマシーンが、リーダーシップ・エンジンに当たる（ノエル・ティシー、イーライ・コーエン『リーダーシップ・エンジン――持続する企業成長の秘密』一條和生訳、東洋経済新報社、一九九九年）。

アクション・バイアス

八木さんがつくり上げ、運営してきた「J-LEAP」には、米国のGE本社も関心を示し、日本発のリーダー育成プログラムとして注目していると聞く。

その中身については、ご自身が詳しく紹介してくれた。「Ｊ‐ＬＥＡＰ」の受講者はアクションラーニングや社長就任演説といった課題を通じて「失敗から学ぶ経験」を積み、一皮むけようとしている。八木さんらは受講者に刺激を与え、考えさせることで、軸づくりのチャンスを与えてきた。

コーチングやメンタリングによるフォローアップの仕方も特徴的だ。次々に質問を繰り出すのは、組織開発の専門家に特有なやり方であり、質問の設計がほどよくなされていることがうかがえる。また、答えを教えるのではなく、質問によって相手に考えさせるというのは、優れた経営者にも見られる傾向であり、トム・ピーターズはこれを「ルーティン・クエッショニング」と呼んだ。八木さんもおそらくこれを身につけているのだろう。

大学時代は運動部のキャプテンだったのに、会社に入ってからはうまくリーダーシップが発揮できないで悩んでいる受講者のエピソードは、ミシガン大学のドナルド・ペルツが提唱した「上向きの影響力」という概念に関係する話だ。

リーダーシップは上から下への影響力のことだと考えられがちだが、八木さんが受講者にアドバイスしたように、ミドルの場合は上に対しても言いたいことを言い、上向きに影響力を行使することが求められる。上に対して影響力をもつミドルとそうでないミドルを比較すると、前者の方が後者より、下に対する影響力を強くもっているということも、私の大規模質問紙調査で確認されている。

考えてみれば、これは当たり前の話で、上層部から言われた通りのことを垂れ流す課長や、本店がおかしなことを言っているのに、防波堤となって支店を守ってくれない支店長が、部下から信頼されるはずがない。上方影響力の別名は、言うべきことは上にも言うという「気骨」なのである。

ハーバード・ビジネススクールのジョン・コッターとジャック・ガバロは「上司をマネジメントする（Managing Your Boss）」という刺激的なタイトルの論文（初出は一九八〇年。『ハーバード・ビジネス・レビュー』二〇一〇年五月号に再掲載）で、上司との関係を管理することの重要性を説いた。こうした主張も、「リーダーシップは、下に対してだけでなく、上に対しても発揮しなくてはならない」という八木さんの考え方に通じるものだ。

リーダーに「知行合一」を求めているのも、行動を重視する八木さんらしい考え方だ。コマツの坂根正弘会長もこの言葉を座右の銘としていると聞く。知るとは、実行をともなうことであり、学習は行動のためにある。

トム・ピーターズらは『エクセレント・カンパニー』（大前研一訳、講談社、一九八三年）

の中で、企業の卓越性を表す特性として、アクション・バイアス（行動によって物事を成し遂げようとする姿勢）を一番目に挙げた。

また、私とともに『リーダーシップの旅』を書いた野田智義さん（八木さんとも親しい）が尊敬してやまなかった故スマントラ・ゴシャールが最後に書き残した共著のタイトルも、『*A Bias for Action*』だった（邦訳は『意志力革命』野田智義訳、ランダムハウス講談社、二〇〇五年）。

八木さんもまたアクション・バイアスの人であり、そうした人柄をリーダー育成の現場でも生かしておられる。

第五章 「強くて、よい会社」を人事がつくる

二一世紀の企業像

二〇〇八年のリーマン・ショック以降、経済は市場メカニズムに任せておけばすべてうまくいくという考え方は、過去のものとなりました。新自由主義や株主価値至上主義に立っていた企業経営には批判が集まり、ひたすら成長を渇望し、欲望を再生産してきた経済のあり方そのものを見直そうとする動きも強まっています。

そんな中、企業は、コンプライアンス（法令順守）や地球環境問題への配慮はもちろん、インテグリティ（人の道に悖《もと》ることはしない誠実さ）を求められるようになりました。株主が企業を所有するという考え方から、多様なステークホルダーが企業経営に参加するという考え方への移行も進んでいます。これからの企業活動に期待されているのは、単に利益を上げることではなく、真の豊かさや真の価値を社会にもたらすことだと言えるでしょう。

こうしたパラダイムシフトに合わせて、二一世紀の企業は自らその姿を変貌させていかなくてはなりません。

では、どういうふうに変わっていけばいいのでしょうか。そのヒントは、「強い会社」と「よい会社」という二つのモデルの統合にあると私は考えています。

「強い会社」は、何よりも競争に勝ち抜くことを目的とする企業です。そのスタイルは米国流の資本主義経営であり、強力なリーダーのもとで短期的な利益を追い求め、結果とスピードを重視します。一言で言えば、「得」を求めて突っ走る企業であり、GEはその代表格と言っていいでしょう。

これに対して、「よい会社」は、自社の使命や価値観を追求し、社会に対して存在意義を示そうとする企業です。経営においては、集団の力を活用し、自社の長期的存続と他社との共存共栄を志向して、結果よりもプロセス、スピードよりも物事にじっくり取り組む姿勢を重視します。一言で言えば、「徳」による経営を標榜している企業であり、日本企業は伝統的にこういう企業像を理想と仰いできました。

従来、「強い会社」と「よい会社」は、あたかも対立概念のように考えられてきました。つまり、「強い会社」は必ずしも「よい会社」ではなく、「よい会社」は必ずしも「強い会社」ではないという見方が一般的でした。

しかし、これからは違ってくるでしょう。「強い会社」であることと、「よい会社」であることは矛盾しなくなり、両モデルの要素をうまくミックスした企業経営が見られるようになるはずです。企業を取り巻くパラダイムシフトは、そのような企業、すなわち「強くて、よい会社」の登場を促しています。

そのような時代状況を受け、GEも今後は「強くて、よい会社」を目指していくと私は見ています。リーマン・ショック以前のGEは、あくまでも「強い会社」を目指していました。インテグリティをきちんともっている会社ではありましたが、はっきりと「よい会社」を志向してきたわけではありませんでした。

しかし、最近、イメルトCEOは「GEは世界で最もタフな課題を解決する会社でなければならない」と何度も言い続けていますし、「よい会社」を目指すという方向性を打ち出しています。

私もこのビジョンに賛成です。GEは「グロースとリターン」を追いつつ、社会に真の豊かさや真の価値をもたらし、存在意義を示していけるような潜在力をもっている会社です。

また、「強くて、よい会社」への進化は、GEにとって避けては通れない道でもあります。なぜなら、これからの時代、本当に優秀な人材は、「強い会社」よりも「強くて、よい会社」により多く集まってくるだろうと想像されるからです。そうすると、「強い会社」よりも「強くて、よい会社」の方が強くなります。したがって、GEは競争を勝ち抜いていくためにも、「よい会社」の要素を取り入れていかなくてはならないのです。

一方、日本企業も変わるべきときを迎えています。熾烈なグローバル競争においては、使命感をもった「よい会社」も、利益優先の「強い会社」との競争を余儀なくされます。そして、「よい会社」が競争に打ち勝っていくためには、自社のよさを戦略的に使いつつ、「強い会社」がもっている優位性を積極的に取り込んでいく必要があります。

しかし、従来、日本企業はそうした努力を徹底してきませんでした。少なくとも、GEという業績にこだわる会社にいた私からはそう見えます。

けれども、これからの時代においては、よいことをしている企業こそ、強くなって勝たなくてはいけません。「よい会社」は「強くて、よい会社」へと脱皮してこそ、世界に貢献できる存在になりえます。「よい会社」も、負けてしまったのではどうにもならないのです。

日本企業が「強くて、よい会社」になっていくためには、まず、それぞれの企業が社会に対してもたらす真の付加価値をもう一度見定め、それをビジョンとして前面に打ち出していく必要があります。長期的展望をもちつつ短期的に勝つための戦略も欠かせません。

そして、結果とプロセスの両面から社員を評価する仕組みをつくり、戦略性を欠く年功序列的な制度は排して実力主義を徹底していくことも重要でしょう。社員が自社の方針に共感して働けるような雰囲気や、言行一致の社風、失敗を許容する企業風土を確立し、スピード感のある組織をつくっていくことも大事です。そのためには、迅速な決断ができ、人心をつかめるリーダーの存在も不可欠です。

人事プロフェッショナルの役割と資質

ならば、このような「強くて、よい会社」をつくっていくために、人事担当者が果たすべき役割はどんなことなのでしょうか。

GEではジョン・リンチという人事トップが、これからの人事の役割として、ビジネスパートナー、チェンジリーダー、オーガニゼーションコーチ、タレントチャンピオン、HRエキスパートの五つを挙げています。

ビジネスパートナーとは、文字通り、ビジネスの目標をパートナーとして達成する部門ということです。チェンジリーダーは、変革を率先して引っ張っていく存在のことを言います。オーガニゼーションコーチは、組織の状態を見抜き、リーダーや社員に対して適切なコーチングができる人を意味しています。タレントチャンピオンは、優秀な人材を採用し、社員のさまざまな悩みを解決したり、社員の代弁者になったりすることができる人のことを指しています。最後のHRエキスパートは、給与や労務などいわゆる人事の専門家としての役割です。

私なりに別のたとえ方をすれば、人事には、会社が曖昧な状況に置かれているときに、進むべき方向性を示すアンバサダー（大使）の役割、トップが言うことを社員にわかるように伝え、社員が抱いている思いをトップに正しく伝えるトランスレーター（通訳）の役割、それから、社員のやる気を引き出して集団のパワーを最大化するために、会社の戦略をストーリーとして語るストーリーテラー（語り手）の役割、社員の悩みやフラストレーションを、言葉によって前向きの考えに変えていくエンライター（啓蒙者）の役割があります。まとめて言うと、人や組織を最大限に活用し、その会社の「勝ち」を実現するのが人事の役割だと私は考えています。

そういう人事のプロになっていくための条件、人事のプロに求められる資質については、以下のように考えています。

まずは情熱があることです。会社を「強くて、よい会社」にしていこうという熱い気持ち、ほかの人たちに任せるのではなく、自分がぜひともそれをやるのだという責任感と精神力をもたなくてはいけません。自分が勤めている会社を（男性なら）「俺の会社！」と言い切れるような自社に対する強いこだわりがほしいものです。

ビジネスを知ることも大切です。ビジネスがわからない人事担当者は、いくら人事としての専門性をもっていても、事業部門から現場をわかっていないと見なされ、信頼されません。ですから、いつでもＣＥＯが務まるような準備を怠らずに人事の仕事をやってほしいと思います。私自身は常にそうしてきました。

また、当然のことながら、人事は「人間についてのプロ」でなくてはなりません。社員のやる気を引き出すためには、人間に対する理解を深めていく必要があります。

そして人事は、人の心を揺り動かせなくてはいけません。そのためには、常に正しいことを言って正しい行動をとれるストイックさと、変革を恐れない勇気がいりますし、自らがリーダーとして成長していく必要もあります。やさしさと温かさ、厳しさと強さを併せもつ人格を形成していくこと、人の心に火をつけたり、人を前向きにさせたりできる言葉をいつでも瞬時に出せるような教養や見識を培っていくことも大切です。

そういう人間になっていくために欠かせないのは、やはり常日頃からの努力と学習です。ビジネスを知り、人を知り、正しいと信じることを実践して人を動かし、そこからまた学習と努力を重ねていく。そうやって企業経営の主役の役割を果たしていくのが、私たち人事の使命です。

HRアカデミー

GEは、人事担当者の育成に熱心に取り組んできた会社です。個々の業務のトレーニングにしても、あるいは組織開発の手法のトレーニングにしても、かなりハイレベルなものを社内に用意しています。

人事リーダーを目指す人たちのためには、HRLP（HRリーダーシップ プログラム）というコースも設定されています。このコースに入ると、二年間、八カ月ごとに異なる三事業部門を回って、さまざまなプロジェクトにかかわりながら、戦略人事に必須の知識、スキル、リーダーシップを身につけるというタフなトレーニングを受けられます。

しかし、そうやってトレーニングを受けた人たちが、そのまま優秀な人事担当者に育っていくかというと、そうではありません。

人事の仕事は、人間が相手です。そして現場では毎日いろいろなことが起きます。その際、知識やスキルを駆使して問題を処理できれば、それに越したことはないでしょうが、多くの場合、マニュアルは通用しませんし、結局のところ問われるのは、その人事担当者の人間性や人間力です。

また、とかく人事担当者は人事の課題に忙殺されやすいものです。ビジネスと人事のかかわり、戦略と人事のかかわりが大事だと頭ではわかっていても、日常の仕事に追われているうちに、いつの間にか、戦略的に会社を見る視点を失い、人事の専門性だけにとらわれた発想に凝り固まっていきます。

毎年、日本GEでは、HRディベロプメントフォーラムという人事担当者たちの定期勉強会を開いてきました。以前、そのフォーラムで、戦略分析のケーススタディをしたことがありました。私がいくつかの企業のケースをそろえ、それらの企業の人事トップなどもお招きして、プレゼンテーションをしてもらいながら、戦略人事について学びました。

ところが、結果は芳しくありませんでした。日本GEの人事担当者たちによるケース分析は、表面的で問題の本質を突くことができていませんでした。

本書で繰り返し述べてきたように、戦略とはストーリーです。したがって、企業のケースを読むときは、そこにストーリーとしての流れがあるかどうか、もしそうでないなら、その原因はどこにあり、その企業は将来どんな問題に直面しそうか、といったことを考えていく必要があります。しかし、フォーラムの参加者たちはどうもそういうことが苦手なようでした。

人事のことだけわかっていても、その人はただの「人事屋」にすぎません。そうではなくて、きちんとした人事の専門性をもちつつ、なおかつ会社全体、世の中全体を見渡せるような広い視野をもっているのが「人事のプロ」です。

GEを「強くて、よい会社」にしていくためには、そういう「人事のプロ」を輩出しなくてはならない。そう考えた私は、社内に新たな勉強会を立ち上げました。会の名称はHRアカデミーとし、開催は月一回、日本GEで人事の仕事に携わっているすべての人に参加を呼びかけました。テーマは毎回変え、講師役は自分たちで務めました。

このHRアカデミーでは、人事に携わる人間としてのあり方や振る舞い方について、参加者にじっくり考えてもらうことを念頭に置きました。人事の仕事に必要な知識だけではなく、知恵の蓄積にも力を入れ、「人を知る」ことを大きなテーマにしてきました。

「人を知る」とは、経験からセオリーを引き出すことでもあります。人事に限らず、企業で働いている人たちは、日々さまざまな経験を積みます。GEのようなストレッチカルチャーの会社では、仕事ができる人ほど多くの仕事を与えられるため、経験の量は膨大になります。しかし、そういう人ほど、多忙に追われるあまり、経験を振り返る余裕がありません。

このためアカデミーでは、参加者に人間とは何かということを突き詰めて考えてもらい、自分たちが積んできた経験からセオリーを引き出してもらうきっかけを与えようとしてきました。ちょっと恥ずかしいのですが、私自身が悩みながら成長してきた道のりをストーリーとして話したこともありました。

そして、参加者がそれぞれ「自分の軸」を確立し、ぶれのないリーダーシップを発揮できるように成長していくことも、大きなテーマでした。

前にも述べた通り、私はかつて、人事の人たちのことを「人が育つのを見て喜んでいる先生みたいな人たち」だと思っていました。世の先生方には申し訳ない言い方になりますが、「人が育つのを見ているだけの仕事が面白いのだろうか。自分自身がフロントシートに座ってドライブしたくないのだろうか」という疑問も感じていました。

こうした見方は今も変わっていません。ですから、アカデミーに集まってくる人たち対しても、「人が育つのを見て満足するような人事にならないように」と戒《いまし》めてきました。

人事の仕事は、単に人を育てることではなく、人を育てるということを通じて経営に直接かかわることです。自分が育てた人材がCEOになったからといって、それで満足する人事ではいけません。その人材と競争して自分がCEOになり、「もっと強くて、もっとよい会社」をつくるのだというぐらいの意気込みをもちたいものです。

社外の人事担当者たちと

二〇〇九年、コンサルタント会社マーサージャパンの古森剛社長と対談させていただく機会がありました。私からは、日本企業に見られる人事施策の非戦略性や、GEという会社の特徴、そこでの人事部門の役割など、本書で述べてきたような話をしました。対談の模様は、マーサージャパンのホームページに掲載されています。

(http://www.mercer.co.jp/referencecontent.htm?idContent=1358780)

その後、古森さんからお誘いがあり、私は、マーサージャパン主催のビジネスカレッジの中で八木塾というプログラムを開講することになりました。ここでは毎回、さまざまな企業で人事の仕事に携わっている人たちとともに、「自分の軸」のつくり方、人事プロフェッショナルの条件、企業経営における人事部門の役割などのテーマについて語り合っています。

このプログラムは、当初、一〇人程度の人数で始める予定でした。しかし、予想を超えて六〇人もの応募があり、しかもどの応募書類にも、人事について学びたいという気持ちが切々とつづられていました。そこで、できるだけ多くの人に参加してもらうために、三期に分けて開催することになりました。

八木塾に集まってくる人事担当者は、三〇代半ばくらいの人たちが中心です。その大半は、今の日本企業の人事はどこかおかしい、人事はもっと会社に貢献できるはずなのに、それができていないと感じ、悶々としています。自分たちは人事の課題についてもっと本質的な議論をしたいのに、社内でそれが許されないとか、若い世代が行動を起こそうとすると、上の世代がふたをするといった状況に苦しんでいます。

人事の世界で働いていくために、もっとしっかりしたものの見方を確立したいのに、それができないという切実な悩みもあるようです。

無理もないことです。残念ながら、人事にはよい教科書がありません。技術論やハウツーを細々と解説している本はいろいろ出版されていますが、採用はどうあるべきか、給与や福利厚生とは何なのか、人事異動は何のためにするのか、リーダーはなぜ育成しなければいけないのかといったことについて、経営の観点から網羅して論じた本は、私が知る限り、世の中に出ていません。私は留学中にも探してみたのですが、洋書にもそういう本はありませんでした。

八木塾では、人事の本質について、これまで私が自分なりに考えてきたことをお話ししています。私自身が人事の仕事をしながら、どんな疑問を抱き、何に悩み、どう行動してきたのかという経験を語り、あとは受講者からの質問に答えています。

人事は、「きれいごと」を通す仕事です。正しいと信じることを正しくやるのが私たちの任務ですから、会社でおかしいと思うことがあったら、上司に対しても、あるいは社長に対してでも、口に出して主張すべきです。そうすれば、きっと社内で多くの味方が得られるはずです。なぜなら、社内にいる多くの人はふつうの人であり、ふつうの人は正しいことが大好きだからです。

しかしながら、日本の企業で働いていて、そういう行動をとるのがいかに難しいかということは、前の会社で失敗した私自身が一番よくわかっています。組織のプレッシャーにつぶされたり、自分に負けたりして、つい口をつぐんでしまう人たちの気持ちも理解できます。だから、悩める人事担当者たちに対して、私は「逃げてもかまわない」と言っています。その代わり、逃げているときは、逃げている自分を意識しようと言って励ましています。その意識さえあれば、いつか逃げないで問題に立ち向かえる日が来ます。そのために、今は力をつけていけばいいのです。

八木塾で、受講者から「長く人事の仕事を続けているのはなぜですか」と尋ねられることがあります。私の答えは、「人は面白いから」です。なぜ人が面白いのかというと、これほどまでに会社のパフォーマンスを差別化できるものはないからです。

本気の言葉をぶつければ、人は必ず力を出してくれます。人事の仕事を一生懸命やっていれば、社員はそれぞれの持ち味を必ず発揮してくれます。そういう姿にふれる度に、私はありがたいなと感謝の気持ちを抱くとともに、人間とは面白いものだなと感じてきました。人事の仕事を長く続けているうちに、私は間違いなく、人が好きになりました。

これまで私はグローバル企業に身を置いてきましたが、日本が大好きでもあります。日本企業が「強くて、よい会社」になれば、日本はもっとよい国になっていくと信じています。

そのために今後も、「人のプロ」として力を尽くしていきたいと思います。

人事が変われば、会社を変えられる——金井

企業を元気にするために

「強くて、よい会社」——「つ・(よい)^{2}会社」と表記してみてもいいかもしれない——と聞いて私が思い浮かべるのは、GPTWのプロジェクトだ。米国で「Great Place to Work」をランキングしてきた活動は日本にも波及し、「働きがいのある会社」に関する調査と分析を行い、ランキング結果を発表するなどしている。

GPTWでは、「働きがいのある会社」を、従業員が、勤務する会社や経営者・管理者を「信頼」し、自分の仕事に「誇り」をもち、一緒に働いている人たちと「連帯感」をもてる場所と定義している。さらに「信頼」は最も重要な要素であるとして、「信用」「尊敬」「公

正」によって構成されると位置づけている。

各要素を説明すると、次のようになる。

《信　頼》

〈信　用〉○率直で円滑な双方向のコミュニケーションがとれている

○目標達成のために、人材とその他のリソースの調整ができている

○インテグリティを重視し、一貫性をもってビジョンを遂行している

〈尊　敬〉○従業員の専門性を高める支援を行い、従業員に敬意と感謝を示している

○重要な意思決定では従業員とともに検討している

○従業員を人として大切に扱い、個々の生活や家庭を尊重している

〈公　正〉○従業員に対して公正な報酬を提供している

○採用や昇進・昇格において、えこひいきをしないように心がけている

○差別がなく、従業員が会社に対して意見や不満を伝えられる制度が整っている

《誇　り》○自分の仕事と役割に誇りがもてる

○会社やチーム、グループが推進する仕事に誇りがもてる
○組織が提供する商品・サービスや、社会から受けている評価に誇りがもてる

《連帯感》○従業員が自分らしくいられる環境が整っている
○好意的で、人を歓迎する雰囲気がある
○「家族」や「チーム」といった連帯感が育まれている

(http://hatarakigai.info/service/worth_doing.html)

私は、日本でまだこのプロジェクトが始まっていない頃から、米国のGPTWに関心をもち、こうしたランキングは、日本企業の経営者や人事担当者、あるいは働く個人にとっても、大きな意味があるだろうと見ていた。

GPTWは、働く人たちが自分たちで自社の五要素を評価し、それによって「働きがい」の測定がなされているため、大学生が選ぶ就職先人気企業ランキングや、外部者の評価に基づく企業ランキングとは一味違う。個人的にはGPTWを応援したいと思っている。

この章で、八木さんは戦略人事プロフェッショナルの役割を整理してくれた。これについ

ては、第一章の解説で少しふれたウルリッチによる整理とも符合するところが大きい。

改めて説明すると、ウルリッチは人事部門の役割を、①戦略やビジネスのパートナー、②変革のエージェント、③管理のエキスパート、④従業員のチャンピオン――の四つに整理した。このうち①と②はウルリッチが新たに打ち出したものであり、日本企業の人事はここが弱いということはすでに指摘した。
③は、人事部門が伝統的に担ってきた役割と言っていい。人事部門では、各事業部門の責任者が個別に採用や給与計算といった仕事にかかわっていたのでは能率が悪いという考えに立ち、エキスパートとしてそれらの処理にあたってきた。
ただし、近年では、そういった人事の仕事の専門性が問われ始めている。ファイナンスやマーケティングの部門で言う専門性はかなり高いレベルになっているが、人事の専門性はどうか、果たして本当に専門性と言えるレベルのものなのか、という問いかけが人事の人たちに突きつけられている。
④の「チャンピオン」とは「主唱する人」という意味合いで、社員の声を経営者に届ける役割のことを言う。八木さんが挙げた「トランスレーター（通訳）」の役割がこれにあたる。
このようなウルリッチの考え方は、米国の企業に影響を与えた。ウルリッチ本人もかかわ

る形で、人事スタッフの「プロフェッショナル度」を測定する精緻な尺度も開発されている。また、韓国の大企業の人事部門でもウルリッチの四分類は必須の知識になっていると聞く。日本では、P&Gジャパン（プロクター・アンド・ギャンブル・ジャパン）が、ウルリッチの考え方をとり入れつつ、五つ目の役割として、文化の守り手（ガーディアン・オブ・カルチャー）を加え、理念や組織文化の擁護者の役割を人事部門にもたせている。

本章を読むとわかるように、八木さんは、GEという特定の会社の人事担当者としてではなく、一人の「人事のプロ」として、これまでさまざまな活動にかかわってこられた。他社の人事の人たちと学び合う場を開いたのもその一つだし、私が主催する研究会や人事関係者の集まりにも何度も無償で出席してくださっている。

そうした八木さんの姿は、世の中の人事の人たちを元気にする。人事が芯から元気になれば、そして、人々を元気にするのが人事の仕事だと芯から信じることができれば、企業もきっと元気になっていく。私もそう信じている。

あとがき――八木洋介

本書の執筆作業が最終段階にさしかかった頃、私は転職を決めました。二〇一二年の四月からは、住生活グループで執行役副社長を務め、人事・総務・法務を担当します（二〇一二年七月より、住生活グループは、社名をＬＩＸＩＬグループに変更するため、以下、ＬＩＸＩＬグループとします）。

ＧＥを簡単にやめるつもりはありませんでした。私はＮＫＫにいたときはＮＫＫを、ＧＥにいるときはＧＥを、「俺の会社だ」と思って働いてきました。いずれもすばらしい会社でしたし、もっとすばらしくするのが自分の役割だと心に決めていました。

ＬＩＸＩＬグループへの転職を決めた理由はいくつかあります。

本書で繰り返し述べてきた通り、一般的に日本企業では、人事の仕事は制度の運用になってしまっています。これに対し、ＧＥでは、人事は、社員のやる気をいかにして引き出すか、組織をいかにして活性化させるか、というテーマに取り組んでいます。

ＧＥが強いストレッチカルチャーのもと、競合他社の二倍もの生産性を上げ、会社として高いパフォーマンスを発揮し続けているのは、社員が生きいきと働いているからです。言い換えれば、二倍の生産性を上げる厳しさ・強さと社員を活性化する取り組みが一つになっているからこそ、ＧＥではワールドクラスのパフォーマンスが出せているのです。

こうしたＧＥの強さの背後にあるものを理解すればするほど、私はＧＥでの経験を日本企業で生かしてみたいと考えるようになりました。ＧＥで私なりに構築してきた人事についての考えを日本企業で実践してみたい、できれば、ビジネスマンとしてのしめくくりは日本企業で迎えたいという思いが募っていきました。私はＧＥという会社が大好きですが、それ以上に日本が好きなのです。

日本企業は「よさ」をもっている一方で、「強さ」へのこだわりに欠けるところがあります。自分たちはよいことを考えており、よいことを実現しようとしているのだから、強くなくても仕方がないじゃないか。そういった甘えがあるように感じられます。

けれども、「よい会社」こそ、強くなって勝たなくてはならないのです。「よい会社」が「強い会社」になって世界に向けてチャレンジを起こせば、世界はもっとよくなります。日本には、そういう「強くて、よい会社」になる可能性を秘めた会社がたくさんあります。

ＬＩＸＩＬグループでは「住生活産業という新たな産業を起こして世界一になる」という未来を、会長の潮田洋一郎さんとＣＥＯの藤森義明さんがはっきりと描いています。日本企業の「よさ」を保ちながら、世界一を目指す姿に私は大きな魅力を感じました。

私の新たな役割は、人事の仕事を通じて、この会社の中に「よさ」と「強さ」の融合を生み出すことです。そして、マネジメントチームの一員として、社員の皆さんとともに、世界中の人々の住環境をよくしたいと思っているこの会社を世界一に育て上げることです。

おそらく、これはかなり大きなチャレンジになります。ＬＩＸＩＬグループは、いくつもの会社が集まってできた比較的新しいグループです。現時点では、日本一の力はもっていますが、グローバルに打って出て世界一になろうとするならば、もうひと頑張りが必要だと思います。

私は人事マンとして、人の数が多い会社で仕事をしたいと考えてきました。なぜなら、社員が多い会社には、人事としてできることが非常にたくさんあるからです。ＬＩＸＩＬグループには六万人を超える社員の方がいます。そういう会社をどうすれば、「世界で勝つ集団」にできるか。それを考えて実行することこそ、人事の醍醐味です。

これからしばらくの間、私の仕事は「人を知ること」になるでしょう。多くの社員、できれば若い人たちとも会って話し、「世界一になる」という意識を共有していきたいと考えています。また、グローバルで勝つために、ポテンシャルのある人材に重要な仕事を任せ、いい意味で人材面のリスクをとっていくことになるでしょう。

社員と会って話す中では、「この会社が世界一を目指すにあたり、何をどうすればいいか」を尋ね、そこで出てきた問題を一つずつ取り除いていく、というアプローチをとっていくつもりでいます。目指したいのは「制度に頼らない人事」です。ＬＩＸＩＬグループを、戦略的に動ける組織、社員が権限ではなく見識に基づいて働ける組織、社員一人ひとりが一つの方向を向いてパワーを出す「巨大な中小企業」に変えていくことができれば、グローバルリーダーを輩出する道が開けると考えています。

ＧＥをやめると周囲の人たちに言うと、「卒業ですか」とよく言われます。けれども、私は「卒業」という言葉は使いません。ＧＥは私が考えている以上に奥深い会社であり、時とともに変化するダイナミックな会社です。一人の個人が「卒業」できる会社だとは思っていません。

ただ、今回の執筆を通じて、自分がこれまで学んできたことはかなり整理できているという手応えは感じました。ＧＥを去って日本企業に恩返しするための準備は整っていることが確認できました。幸い、私は五六歳です。元気もあります。今ならネクストステップに進んでいけます。

本書の出版は、私にとって最高のタイミングでもありました。「私は人事の仕事についてこう考えている」「私はこういう人事がやりたい」と公言して転職するわけですから、新しい職場でそれを実践しなければ、ウソをついたことになります。この本は、「逃げない」という私の軸を固めてくれる一冊になりました。ＬＩＸＩＬグループで新しい仲間たちと世界一を目指すことを心から楽しみにしています。

＊　　＊　　＊

金井先生と初めてお会いしたのは、ずいぶん前のことになります。最初の頃は、先生が企業の人事の人たちが集まる場で講演などをされ、私は受講者の立場だったり、そういう会の運営を手伝う立場だったりしました。

私は先生の著書を読んでいましたし、MIT留学中は、先生の師であるエドガー・H・シャイン先生から学ぶところが多かったので、一方的に親しみを感じてはいました。とはいえ、私は企業で働く一介の人事担当者であり、よもや先生と一緒に本を書くことになるとは考えてもいませんでした。

私の存在が先生の目にとまったのは、雑誌『プレジデント』（二〇〇〇年七月三一日号、プレジデント社）で、評論家の江坂彰さんを交えて、三人で対談したときが最初だったと思います。以来、直接話す機会が増えました。たぶん、企業の人事担当者で組織開発ができる人はあまりいないため、注目していただいたのではないかと想像しています。GEに先生をお招きして、ラグビー元日本代表監督の平尾誠二さんと対談してもらったこともありました。

本書をともに執筆するにあたっては、先生と長時間の対談をしました。そこでは先生は主として聞き手に回ってくださり、私の話を引き出すとともに、研究者の立場からご意見を述べてくださいました。すばらしいコメントをいただけたことを感謝しています。

また、私の語りをうまく引き出してくれた光文社の古谷俊勝さんと小松現さん、巧みな構成で本書のストーリーを紡ぎ出してくれた秋山基さんにも御礼申し上げます。このようなすばらしいチームに恵まれ、金井先生との本を完成させることができました。皆様に感謝の意を記して筆を擱《お》きます。

二〇一二年四月

編集協力　秋山　基

八木洋介（やぎようすけ）
1955年京都府生まれ。㈱LIXILグループ執行役副社長。京都大学卒業。1980～99年、NKKで人事などを歴任。1999～2012年、GE Medical Systems Asia、GE Money Asia、日本GEでHRリーダーなどを務める。2012年4月より現職。
金井壽宏（かないとしひろ）
1954年兵庫県生まれ。神戸大学大学院経営学研究科教授。MIT経営大学院博士課程修了。リーダーシップやキャリア、モチベーションなど、人の発達や心理的側面に注目し研究を行っている。著書に『仕事で「一皮むける」』、共著に『リーダーシップの旅』（以上、光文社新書）など多数。

戦略《せんりゃく》人事《じんじ》のビジョン　制度《せいど》で縛《しば》るな、ストーリーを語《かた》れ

2012年5月20日初版1刷発行
2025年6月30日　10刷発行

著　者 ―― 八木洋介　金井壽宏
発行者 ―― 三宅貴久
装　幀 ―― アラン・チャン
印刷所 ―― 堀内印刷
製本所 ―― ナショナル製本
発行所 ―― 株式会社光文社
東京都文京区音羽1-16-6（〒112-8011）
https://www.kobunsha.com/
電　話 ―― 編集部03(5395)8289　書籍販売部03(5395)8116
制作部03(5395)8125
メール ―― sinsyo@kobunsha.com

 ISBN 978-4-334-03683-6

KOBUNSHA

550

1勝100敗！ あるキャリア官僚の転職記
大学教授公募の裏側

中野雅至

倍率数百倍の公募突破に必要なのは、コネ？ 実力？ それとも運？ 本邦初、大学教員公募の実態をセキララに描く。非東大卒キャリア官僚による、トホホ公募奮戦記。

978-4-334-03653-9

551

手塚治虫クロニクル 1968〜1989

手塚治虫

'68年〜'89年の傑作選〝下巻〟。「ブラック・ジャック」「アドルフに告ぐ」や、絶筆となった「ルードウィヒ・B」を収録した豪華な一冊。上巻と合わせてテヅカがまる分かり！

978-4-334-03654-6

552

エリック・クラプトン

大友博

英国生まれの白人でありながらブルースを追い求め、多くの名作を残してきたクラプトン。長年取材を重ねてきた著者が、伝説のギタリストの実像と、その音楽世界の魅力に迫る。

978-4-334-03655-3

553

下流社会 第3章
オヤジ系女子の時代

三浦展

映画鑑賞よりお寺めぐり、イタリアンより居酒屋に誘われたい、影響を受けやすいのは彼の趣味より父親の趣味……。そんな男性化した女子の趣味・関心から、消費社会を分析する。

978-4-334-03656-0

554

「ヤミツキ」の力

廣中直行　遠藤智樹

やみつきとは元来は病だが、アスリートの巧みな動きや職人の技などはやみつきの賜物とも言える。本書ではやみつきを前向きに捉え、最新の科学からその可能性に迫る！

978-4-334-03657-7

555
平家物語
新書で名著をモノにする
長山靖生
無常と普遍、栄光と没落――人間のたくましさ、バカさを学ぶ最高のテキストを、末世のような現代に読み直す試み。登場人物を立場・身分に分け、その心の動きを眺めつつ読み解く。
978-4-334-03658-4

556
西洋音楽論
クラシックに狂気を聴け
森本恭正
日本におけるクラシック音楽の占める位置は何処にあるのか。クラシック音楽の本質とは何か。作曲家・指揮者としてヨーロッパで活躍してきた著者が考える、西洋音楽の本質。
978-4-334-03659-1

557
ご老人は謎だらけ
老年行動学が解き明かす
佐藤眞一
なぜキレやすい？ なぜいつまでも運転したがる？ なぜ妻と死別した夫は再婚したがる？――一見「わけのわからない」老人の心理・行動を、老年行動学の第一人者が解明する！
978-4-334-03660-7

558
官邸から見た原発事故の真実
これから始まる真の危機
田坂広志
事故直後の3月29日から5か月と5日間、内閣官房参与を務めた原子力工学の専門家が、緊急事態において直面した現実と、極限状況で求められた判断とは？ 緊急出版！
978-4-334-03661-4

559
円高の正体
安達誠司
日本の景気を悪くしている2つの現象「円高」と「デフレ」。なぜ、この流れは止められないのか？ ニュースや専門家の解説では見えにくい経済現象の仕組みを一冊でスッキリ解説。
978-4-334-03662-1

560
IFRSの会計
「国際会計基準」の潮流を読む
深見浩一郎
会計の形が大きく変わる――。現在、会計のボーダーレス化が世界で進んでいる。企業会計の問題とは？「基準を制する者が世界を制する」。EU・アメリカの思惑と日本の選択肢。
978-4-334-03663-8

561
アホ大学のバカ学生
グローバル人材と就活迷子のあいだ
石渡嶺司　山内太地
ツイッターでカンニング自慢をしてしまう学生から、グローバル人材問題まで、日本の大学・大学生・就活の最新事情を掘り下げる。廃校・募集停止時代の大学「阿鼻叫喚」事情。
978-4-334-03664-5

562
子どもが育つ玄米和食
高取保育園のいのちの食育
西福江　高取保育園
「子どもはお子様ランチに象徴されるような味の濃い食べ物が好き」。そんな固定観念を覆し、大人が驚くほどの本物志向を教え続ける高取保育園。その食理念と実践法を紹介する。
978-4-334-03665-2

563
最高裁の違憲判決
「伝家の宝刀」をなぜ抜かないのか
山田隆司
法令違憲判決の数、64年間でわずか8件――。最高裁は〝伝家の宝刀〟違憲審査権を適切に行使してきたのか？　歴代の最高裁長官の事績を追いながら、司法の存在意義を問い直す。
978-4-334-03666-9

564
宇宙に外側はあるか
松原隆彦
この宇宙は奇妙な謎に満ち溢れている。いま、宇宙の何がわかっているのか？　宇宙の全体像とは？　宇宙の「外側」とは？　現代宇宙論のフロンティアへと旅立つ一冊。
978-4-334-03667-6

565
政治家・官僚の名門高校人脈
横田由美子

国会で丁々発止を繰り広げる議員どうしが、実は高校の同級生だったりする。議員や官僚の出身高校に着目すれば、日本のエスタブリッシュメントたちのネットワークが見えてくる。

978-4-334-03668-3

566
絶望しそうになったら道元を読め！
『正法眼蔵』の「現成公案」だけを熟読する
山田史生

わずか2500字に込められた、日本仏教思想史の最高峰・道元の禅思想のエッセンス。修行に、人生にくじけそうな者に、どんなメッセージを投げかけているのか。1冊かけて読む。

978-4-334-03669-0

567
おひとり温泉の愉しみ
山崎まゆみ

ハードルが高いと思われがちな「おひとり温泉」の極意を伝授。「ひとりで食事をするのは……」「時間を持て余しそう」――小さなものから大きなものまで、疑問に答えます。

978-4-334-03670-6

568
極みのローカルグルメ旅
柏井壽

麺、ご飯もの、居酒屋巡り。全国を食べ歩いた著者が、世にも不思議なご当地限定グルメから、しみじみ美味い絶品料理まで明かす。「日本には、こんなに美味いものがあったんだ」

978-4-334-03671-3

569
「当事者」の時代
佐々木俊尚

いつから日本人の言論は当事者性を失い、弱者や被害者の気持ちを勝手に代弁する〈マイノリティ憑依〉に陥ってしまったのか――すべての日本人に突きつける著者渾身の書下ろし。

978-4-334-03672-0

570
リーダーは弱みを見せろ
GE、グーグル　最強のリーダーシップ
鈴木雅則

GEとグーグルというグローバル先進企業でリーダーシップを教えた著者が、体系的にわかりやすく、リーダーシップの基礎を解説。誰でもリーダーシップは身につけられる！

978-4-334-03673-7

571
検証
財務省の近現代史
政治との闘い150年を読む
倉山満

日本の最強官庁は何を考え、この国をどこに導こうとしているのか。大蔵省・財務省一五〇年の歴史にメスを入れ、知られざる政治との関係、「増税の空気」の形成過程を描き出す。

978-4-334-03674-4

572
［改訂新版］藤巻健史の実践・金融マーケット集中講義
藤巻健史

先物、スワップ、オプションなど、金融マンから個人投資家の資産運用まで、本当に使える金融知識を、「伝説のディーラー」が実践的に伝授。データ刷新、大幅加筆の改訂版！

978-4-334-03675-1

573
対話型講義
原発と正義
小林正弥

普段は〝思考実験〟に過ぎなかった哲学のジレンマが、原発事故によって現実化。早急な意思決定を求められる私たちに必要な、公共哲学の判断原則を「対話型講義」で身につける。

978-4-334-03676-8

574
天職は寝て待て
新しい転職・就活・キャリア論
山口周

未来予測が困難なこの時代に、幸せな職業人生を歩むには？様々な転職をしてきた著者が、自らの経験を元に「天職への転職」を実現するための思考様式や行動パターンを解説する。

978-4-334-03677-5

575
プロ野球の職人たち
二宮清純

西武4番・中村、捕手の代表・古田、バントの名手・川相、盗塁王・福本豊らから、スカウト、主審まで――球界の職人たちの匠技に二宮が迫る、野球ファン必携の一冊！

978-4-334-03678-2

576
大往生したいなら
老人ホーム選びは他人にまかせるな！
本岡類

デキる老人は、泊まって選ぶ！　専門家（業界人）の意見に惑わされ（騙され）ず、「自分に合う」施設を見抜くポイントを、介護施設で働いた経験も持つ著者（小説家）が丁寧に教える。

978-4-334-03679-9

577
イラン人は面白すぎる！
エマミ・シュン・サラミ

危険なイメージを持たれがちなイラン人。しかし、実はこんなに陽気で面白い人たちなのだ！　吉本のイラン人芸人が珍エピソード満載でお送りする、笑って学べる新イスラム本。

978-4-334-03680-5

578
弁護士が教える
分かりやすい「民法」の授業
木山泰嗣

法律を勉強する人の間でも、「難しい」と言われる民法。その基本が、敏腕弁護士による2日間集中講義形式&ストーリー仕立てで、楽しくかつ短期間に身につく！

978-4-334-03681-2

579
ドストエフスキー『悪霊』の衝撃
亀山郁夫　リュドミラ・サラスキナ

善と悪の基準を失い罪を背負う主人公を、作家はなぜ「自分の魂から取り出してきた」と書いたのか――世界文学最大の問題作に潜む謎を解く、日ロの研究者による対談&エッセイ。

978-4-334-03682-9

580
戦略人事のビジョン
制度で縛るな、ストーリーを語れ

八木洋介　金井壽宏

人事の最も大切な役割とは？　NKKやGEで人事部門を歩んできた「人事のプロ」と組織行動研究の第一人者が、いま、会社が「勝つ」ために必要な考え方を綴った、稀有な一冊。

978-4-334-03683-6

581
インクジェット時代がきた！
液晶テレビも骨も作れる驚異の技術

山口修一　山路達也

日本のものづくりを救う鍵は「インクジェット」。年賀状から、食べられるお菓子、DNAチップ、はては人工臓器まで「印刷」しうるこの技術が、ライフスタイルを大きく変える！

978-4-334-03684-3

582
商店街はなぜ滅びるのか
社会・政治・経済史から探る再生の道

新雅史

極めて近代的な存在である商店街は、どういう理由で発明され、繁栄し、そして衰退したのか？　再生の道筋は？　気鋭の社会学者が膨大な資料で解き明かす。上野千鶴子氏推薦！

978-4-334-03685-0

583
東京スカイツリー論

中川大地

なぜ建てられたのか？　開業までにどんな過程があったのか？　建築史や都市論の観点から見た意義は？　21世紀を代表するランドマークに様々な角度から迫る！

978-4-334-03686-7

584
鉄道会社はややこしい

所澤秀樹

たとえば直通運転では、鉄道会社どうしは車両や線路、駅を貸し借りし、それらの使用料を清算している。その仕組みは複雑怪奇だが、読むと楽しい、電車に乗ってみたくなる一冊。

978-4-334-03687-4